龙门正宗四修同真教谱

民国·王明然 督修

汪桂平 李贵海 点校

社会科学文献出版社

SSAP

SOCIAL SCIENCES ACADEMIC PRESS (CHINA)

"普阳文化系列丛书" 总序

何诚道

道教，是中国土生土长的宗教。

道教起源于人文初祖黄帝轩辕氏，他以道化民，创造远古文明，被后世道徒尊为道教始祖。

道教最早的教义出自老子（约公元前 571 年~约公元前 470 年）。老子姓李名耳，字聃，又字伯阳，或曰谥伯阳，春秋末期人，所著《道德经》是道家的第一部经典。他主张性命双修，被后世道徒尊为教祖。

道教组织形态的创立者是张道陵（34~156）。他原名张陵，字辅汉，东汉丰县（今江苏徐州丰县）人，创立了"五斗米道"，即入道者每人须缴五斗米。张道陵所成之道后称"天师道"，后世道徒尊张道陵为道祖。

尔后，道教沿续发展，在魏晋南北朝时期走向成熟，隋唐至北宋时期达到鼎盛。至南宋金元时期，道教派别繁多，教义和道法都有所创新。

金大定七年（南宋乾道三年，1167 年），炼士王重阳（1112~1170）在山东宁海创立"全真道"，收邱处机、马丹阳等 7 人为徒，弘扬道教，此后"全真道"与"正一道"形成中国道教的两大主要门派。

邱处机（1148~1227），全真派道徒尊为邱祖，又被尊为全真龙门派的开派祖师，为中国道教传承和发展作出了重要贡献。邱处机的第 30 代门徒柳道春（1580~1690），字芳华，仙号迴风，湖北襄阳府仙桃（原沔阳县）人。少时在武当山出家，拜在张楷模（仙号道心）道长门下，道成后，被蕲州荆王府第八代荆敬王礼聘到蕲州玄妙观为住持，迁道正司主事，管鄂东道教事务。在荆敬王的捐助下，柳道春扩修了玄妙观，将当时蕲州道教界的全体道徒和信士团结在自己的周围，推动了蕲州道教整体发展。那时，蕲春县内有道教宫观庵堂360多处，且各宫观香火兴旺，教务繁荣。

原名何庵（内供药王、观音等神祇），今为中国道教丛林之一、全国AAAA级旅游景区的普阳观，就是当时360处宫观庵堂中的一处颇有影响的道教场所。

提起何庵，有必要将其基本情况交代一下。

古《蕲州志》载："何庵，何氏香火。"又蕲阳《何氏宗谱》里有《何庵记》。其说为迁蕲何氏开基祖落业于蕲春杨树畈（含今日何大塆）后，族有节妇、烈女，皆不二夫，决意守志，族人为她们修室而居，是为何庵。而何庵所在地唐时即有龙王庙。何氏节烈二女入庵后再供龙王，增供观音，整个何氏皆赖其庇佑，香火甚是兴旺。明代又增供了药王（孙思邈）。

唐宋迄今，何庵曾几度兴衰，到20世纪80年代，仅存残破庵堂三间，荒地一块。

然而，就是这几乎被人们遗忘的何庵，却承载着厚重的中国道教文化。自古以来，许多道教名流都曾在这里留下了传奇的身影。如明代的麦麸李道长，清代的柳合一真人、庞教方真人、匡永和真人等，近代的刘圆科真人、何圆复真人，以至当代的道教高真、道医典范、中国道教协会常务副会长谢宗信大师等，都在这里隐静修行，传经布道，济世度人，推动了道教事业的整体发展。

为了不负道教前辈们爱国、爱党、爱教之意，传承好中国道教文化，贫道于15岁时拜在武当山马爷门下修道，3年后至武汉长春观拜谢宗信大师为师，潜心研习道医，5年后奉师父之命自寻道场，济世度人。那时，贫道谢却多地善信邀请，毅然回到自己的家乡——蕲春县，也就是著名的医药学家李时珍故里，并再拜医道名师刘圆科仙长为度师，共研医道秘术。

1996年1月，贫道应家乡蕲春县漕河镇众善信诚邀，回到本土何庵主持教务，料理香火，重修庵堂，增建厢房。何庵面目初新，众信随喜，更名为"普济观"，取普济众生之义。

其后，在党和国家宗教政策的指引下，在各级政府宗教部门领导下，尤其是在县政协的全力支持下，更得到广大善信多方功德和捐助，普济观重征了土地，先后增建了祖师殿、文昌殿、玉皇殿、斗姆殿、三清殿、山门、乾道院和坤道院、小斋堂和大斋堂，初步形成了具有一定规模的道教活动场所。至2000年，将普济观正式更名为"普阳观"，取阳光普照、众生沐恩之义。至2004年12月，普阳观先后被蕲春县、黄冈市、湖北省三级政府宗教管理部门登记为对外开放的道教活动场所。县政府还把普阳观所在区域列为道教文化旅游景区，进一步筹备深度开发。

于是，普阳观开始了新一轮的投资，从2005年起又先后建成了灵官殿、南厢房、五百灵官堂、普阳医院、普阳书院、普阳养生院和照壁等建筑。普阳文化景区独山顶上建成了医道文化园，并竖立高16.3米的李时珍汉白玉雕塑像，完成相应的配套建设，扩大了普阳文化景区的整体规模，于2016年被湖北省旅游景区质量等级评定委员会正式评为"国家4A旅游景区"。普阳观也先后被评为"全省创建和谐寺观教堂先进集体"、全省"五好宗教活动场所"、全市"宗教活动场所管理先进单位"，并于2010年12月荣获"首届全国创建和谐寺观教堂先进集体"荣誉称号。

贫道多次被评为各级"五好宗教界人士"，先后当选为县、市道教协会会长，省道教协会副会长，被推选为县政协常委和省、市政协委员，并于2010年6月23日，当选为第八届全国道教协会代表而出席全国道教工作会议，出席代表们受到了全国政协主席贾庆林的亲切接见。

如今的普阳观，作为中国道教丛林之一，正承担着弘扬中华优秀传统文化，传承中国土生土长道教文化的使命。这里每年都要开展多种多样的信众活动和教务活动。

一是每年农历正月十五、十六举办进福门、入福观、赏法事活动，开展道家传统的"上元佳节祈福会"祭祀活动，祈求风调雨顺，五谷丰登，百姓平安。

二是朝拜道教祖师并祭拜医药双圣李时珍的"祭药王"活动。善信瞻拜李时珍雕像和祭坛，游览道法广场和《本草纲目》石壁。

三是每年农历五月初一至初五举办"中医药博览会"活动，传播养生文化，推广蕲春药膳，评比最美健康形象大使，让道家与养生知识得到传播。

四是开展道医门诊活动。医道同源，道医有与中医同样的"望闻问切"四诊疗法，同时还可以用推拿、拉筋等方法治病。

五是每日除接待中外游客以外，还有李时珍医道文化一日游、二日游和李时珍医道养生文化三日游活动，让游客体验医道养生，参观蕲春"四宝"，学习道家养生功法，以帮助大家提高健康水平。

还有其他如道教法事、道家武术、国学培训活动，限于本序篇幅，不一一细述。

以上这些活动，都是传承和弘扬道教文化的载体，形成了具有中国道教文化特色的"普阳文化"。

中国社会科学院世界宗教研究所道教与民间宗教研究室主任汪桂平研究员和李贵海副研究员，曾多次到普阳观考察指导工作，对普阳文化的内容进行综合评述，对普阳文化的底蕴进行有序探讨，对普阳文化的精华进行研究分析，对普阳文化的特色进行评估考量，并在此基础上，与本地宗教文化学者，政协蕲春县文史教科文卫委员会原主任（兼管过民族宗教事务），现为李时珍科技文化研究院院长、蕲春县道教协会顾问张梁森先生共同商讨，对普阳文化来一次系统总结，深入挖掘，逐步梳理，形成文档，在做好这些基础工作的前提下，编写出版"普阳文化系列丛书"，让普阳文化得到传播并发扬光大，为整个中华道教文化增光添彩。

这就是整理出版"普阳文化系列丛书"的理论价值和现实意义。

希望通过这套丛书的出版发行，让更多的人了解和关注普阳文化，使大家都能够在大善大爱中充实自我，完善自我，做一个有益于经济和社会发展的良善公民，为建设中国特色社会主义现代化强国和美好精神家园而努力奋斗！

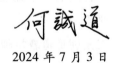

2024 年 7 月 3 日

序

《中华人民共和国宪法》第二章第三十六条明文规定："中华人民共和国公民有宗教信仰自由。"这对正常的宗教活动有着根本性的保障作用。

作为土生土长的中国道教，在广大信众中有较大的影响。据国务院新闻办公室发布的《中国保障宗教信仰自由的政策和实践》白皮书介绍，全国有"道教教职人员4万余人"。

蕲春县自古以来就有"蕲阳丛林甲天下"之说。据有关典籍记载，蕲春三角山在隋唐时期，就是鄂（湖北）皖（安徽）赣（江西）三省交界佛教和道教最兴盛的地区，有"三千和尚八百道人"之说。后历宋元明清以至民国时期，蕲春的宗教活动一直是比较活跃的，尤其是道教活动的沿袭，更是有典有则，有据可查。

其中，对中国道教传承记载得最完整的《太上龙门宗谱》，就是在蕲春县青石镇发现的。

1995年底，笔者从蕲春县新华书店经理岗位调任政协蕲春县委员会任文史教科文卫委员会主任，后两年因县政协还未设立民族宗教委员会，凡涉及民族事务方面，也安排由我兼管和联系。从那时起，笔者接触全县宗教人士不少，且与蕲春县人民政府办公室宗教科的几位负责同志颇为熟悉。

记得自己年轻时在新华书店工作期间，有机会阅读《道德经》《庄子》等道家道教典籍，对道家的哲学思想颇为敬服。到县政协工作后，接触的道教团体和道教人士多了，我对中国道教的认识也逐步加深。对于道教文化的研究，是自己做好政协文史工作的一个重要组成部分，同时还应深入

1

到教职人员活动的宫观现场进行视察调研，才能深入了解蕲春道教文化的内核。

2004年4月13日至14日，由笔者提议对全县开放的寺庙宫观进行一次视察，时任县政协主席徐美兰当即采纳这一建议，利用两天时间视察了全县11处开放寺观，其中看了普济观（即今普阳观）、仙人台、纯阳阁等4所道教宫观。在考察调研过程中，笔者随吟随赋，写了11首诗以记其行。而本次考察最大的收获则是得知，蕲春境内还流传有道教宗谱，有的藏在道教宫观，有的藏在民间，但具体藏在哪个观或哪户人家，还不清楚。于是，笔者把这件事情放在心上，可后来几年间，也没有打听出其下落。

直到2014年3月间，时任县宗教局长陈中定同志邀请笔者参与他们的一次宗教调研活动，我们都把打听道教宗谱的下落当作重要事情查询，后来得到答案的是：听说青石镇有个老信士秘藏了一套道教谱，但有人问他时，他却说"没有这回事"。这就为难了，只好暂时搁置一边。

2016年10月，笔者因病请蕲春普阳观掌门人、著名道医何诚道道长用中药调理，就在普阳观乾道院住下来。何诚道道长和我是老朋友，他当县政协委员是我亲自考察推荐的。尔后，交往日增，友谊日深。我此次到普阳观调理病情，他亲自安排弟子迎接。

何道长每天白天都要为近百位到普阳观求医问药者把脉治病或指点迷津，可谓辛苦至极！简单的晚斋后，又到乾道院来看视我的病情调整效果，聊些普阳观的发展前景。有一次他说到要建一座道教博物馆，需要征集道教文化古籍。我就问他："青石有人藏有道教宗谱，您知不知道？"他说："知道。听陈局长（指陈中定同志）说过。派人去找，人家不给。"他顿了会儿说："我想起来了，要是你去要，就会拿到的。"我说："连您都拿不来，我怎么能拿来？"何道长神秘一笑说："这个书和人一样，也是有缘分的。这套教谱就是和您有缘，您老明年新年去拿，准能到手。"我回说："好吧！等我身体恢复了，春节一过，我就去找藏主借那套教谱，好好研究一下我们蕲春的道教传承。"

2017年2月16日（农历丁酉正月二十），此时春节早已过完，元宵也过了。笔者身体恢复较好，精神自然畅快得多，决定到青石镇寻找道教宗谱。事前经过多方打听，知道青石镇合盘冲村刘金元老人家藏有一套道教谱，但他保密得很，很多人找他想看一下，他却从不示人。那么，这次笔者想去把这套谱借来看一下，不知刘老同不同意，心里实在没有把握。看来只有走个程序。

出发的前一天，笔者先给时任青石镇委组织统战委员李明同志打了电话，告诉他说："我明天要到青石镇合盘冲村找道教宗谱，你提前与该村负责人和藏主刘金元老人联系好，告诉他我们借用一段时间就还给他。"李明是我的老同学、鄂州市政协文教卫委员会原副主任李阳先生的亲侄儿，我交给他的任务，他满口应承，一定办好。

2月16日，我带着普阳观吴信灯道长和叶林剑居士一道驱车顺利到达目的地。李明同志和村里郭主任已在此等候，我们一同到了刘金元老人家里，并向他详细说明了来意，就是找道教谱看一看。

刘老时年80岁了，还步履稳健，这一次他老人家没有拒绝。大概是他看到镇上领导、村主任都在场，我和吴道长等一行都是同道中人，所以很爽快地把道教谱找出来。只见他从室内托出一个陈旧牛皮纸包着的长方形包袱，打开后里面还有一层早已褪了色的红布包，再打开红布包，里面就是一套保存较好的线装谱。刘老把谱交到我手上并说："请领导看看。"我郑重地接过这套心仪已久的宝藏，开始细心地翻阅。

这套道教谱共有7本。灰土色厚宣纸封面，子母线长条形框内的书名题签是《龙门正宗同真教谱》，打开封面后，折口上有"太清观校刊"字样。

接着，笔者又细看了两篇谱序，才知这套《龙门正宗同真教谱》是民国三十三年（1944）由浠水羊角尖太清观道长和弟子主持再度续修的，其来历基本上是清楚的。

我问刘老："您老人家是怎么得到这套教谱的？"

刘老回说道："我们合盘冲村解放前就有个慈云庵，这个道庵由郭仙姑主持。我是民国二十六年（1937）出生的，幼年时我母亲带着我到慈云庵拜郭仙姑为干娘，我稍长大后，常到慈云庵走动，还帮干娘做点事，干娘夸我能干。解放初，政府把各个庵里的和尚尼姑、道士道姑都改造成自食其力的劳动者，郭仙姑此时年纪大了，也干不了农活，仍在庵里住着，靠村里亲朋好友凑点粮食度日。临死前，叫我到庵里去交代个事，她老人家说庵里存放有一套本门（指道教）的谱，你要好好地保存起来，将来是能传世的。就这样，我一直把这套教谱秘密收藏至今。慈云庵现在正在重建，我把这套谱又送到庵中供奉，算是了了一个心愿。"

至此，我们知道了刘金元老人收藏这套教谱的信念，很不容易。笔者对他说："您老的心愿定能达到。我把这套谱借去看些时间，研究一下蕲春道教的来历，用三四个月再原封不动地送还给您老人家可以吗？"老人家开始有点推托，经村主任和李明同志解释，才把这套谱借给了我。

回普阳观以后，我用几天工夫阅读了全谱，又按原本复印存于普阳观。3个月后，刘老来普阳观取谱，何诚道监院热情接待了老人，午斋后返回青石时，何道长还馈赠厚礼，褒奖刘老保谱有功，老人家十分高兴。

尔后几年，中国社会科学院世界宗教研究所道教与民间宗教研究室主任汪桂平研究员和李贵海副研究员曾数次到普阳观调研指导工作，得知《龙门宗谱》再现于世，这是道教界的一个重大发现，于是决定将这套教谱重新点校出版，为研究中国道教文化和道教传承做出新贡献。同时，对于弘扬普阳文化，也是良好的开端。

张梁森

2014 年 7 月 3 日

整理前言

　　《龙门正宗四修同真教谱》是在湖北黄冈地区发现的一部道教历史谱录类著作，系民间收藏，未见其他馆藏或著录，版本珍稀，内容独特，属于孤本类文献。据载，该谱初修于明崇祯五年（1632），由九世冯太初和十世江清源、十一世金一生修纂；再修于清道光二十四年（1844），由十四世陈复元、郭复恒和十五世朱本如修纂；三修于清光绪十五年（1889），由十六世卢合霖督修，十六世闵合贤、十七世马教育和郭教真协修；第四次修纂是在民国三十三年（1944），由十九世盛圆成、汪圆贞牵头，二十世王明然督修，郭明朴协修，郭明吾、田明止纂修。前三次所修之谱均已不存，现存的本子是该教谱的第四次重修本。

　　《龙门正宗四修同真教谱》分为卷首上、卷首中、卷首下、卷一上、卷一下共5卷，装订为7册。民国三十三年铅印本。开本高26厘米，广16.5厘米；框高23厘米，广15.5厘米，四周双边，每半叶9行，行24字；版心依次题龙门正宗同真教谱、卷数、标题、页码、浠水羊角尖太清观校刊。

该书主要内容大致分为三部分：一是道教常用经典、训戒类文本；二是自明代至民国年间当地著名道士的祭文、碑刻、序跋、语录、别传、杂著等著述，以及宫观庙产、田产、捐约等记载；三是历代道门人物传记和世系表。该书作为一部孤本教谱，自明代末年至民国年间历经四次修纂，留存了明清和民国时期的丰富历史信息，是研究湖北地方历史和区域道教史、教派史的珍贵资料，具有独一无二的文献价值。关于该书的史料价值，可以从以下四方面来看。

第一，该书记载的史料信息，涉及历史上的一些重要人物、重要事件，可以弥补地方志、正史等文献记载的不足。如书中记载了明末清初复社成员黄正色的相关信息。复社是明朝崇祯二年（1629）成立的以江南士大夫为核心的政治、文学团体，成员先后计2000多人，声势浩大，是明末重要的政治力量，黄正色既是复社首批成员之一，也是复社的中坚人物。对于这样重要的历史人物，文献记载甚少，吴山嘉撰《复社姓氏传略》卷八载："黄正色，字美中，号慈云，崇祯丙子（1636）举人，官芜湖县知县。"关于黄正色的生平，仅有这寥寥数句而已。然而，令人惊喜的是，《龙门正宗四修同真教谱》保存了多条关于黄正色生平事迹的文献资料。据记载，黄正色在明清鼎革之际，遁入道门，成为当地龙门正宗第十二代传人，道名黄阳中，归隐山水间，清康熙年间羽化。又一条记载曰："至十二世黄阳中真人，别设黄坛，宏扬道法。真人即邑名流正色先生也。在明代为芜湖县令，及明鼎改革，抱忠节义，不臣清，遂遁入龙门，云游名胜，结契遗侣，后挂杖于羊角尖太清观。"可见，该教谱记录了复社成员黄正色在入清后的活动、经历及影响等难得一见的资料。

第二，该书为道教全真龙门派的历史传承和地域传播提供了非常珍贵而独到的资料，并拓展了人们对龙门派分支众多、多源分散特点的认识。所谓龙门派，指的是全真道的一个分支流派，该派尊元代全真七子之一的邱处机为开派祖师，历代道徒按照龙门派字谱取名和传承，一直流传至今。龙门派的派谱诗为："道德通玄静，真常守太清。一阳来复本，合教永圆明。至理宗诚信，崇高嗣法兴。世景荣惟懋，希微衍自宁。……"共有一百字。根据该教谱记载，传到当地的这一支龙门派的传承世系如下：一世王道纯，二世李德全，三世曹通易，四世危玄融，五世常静定，六世刘真秘，七世沈常参，八世杨守诠，九世冯太初，十世江清源，十一世金一生，十二世黄阳中、王阳幻等，十三世万来正、黄来衢等，十四世郭复恒、陈复元等，十五世王本岩、胡本泰等，十六世闵合贤、徐合成等，十七世马教育、郭教真、屈教高等，十八世徐永虚、张永成、汪永义等，十九世盛圆成、陈圆修等，二十世汪明善、刘明德、王明然等，二十一世汪至慧、胡至明、盛至道等，二十二世王理元、陈理寿等。据此可知，该支龙门派的传承完全遵循龙门百字谱，他们也自称龙门正宗，但是其记载的传承谱系与传统道书《金盖心灯》等所载完全不同。按《金盖心灯》所言，龙门派为邱处机弟子赵道坚所创，赵道坚之后分别有二世张德纯、三世陈通微、四世周玄朴、五世张静定、六世赵真嵩，七传至清初的王常月，公开开坛传戒，形成龙门中兴的局面。而《龙门正宗四修同真教谱》的记载完全不同，从该谱所载来看，邱处机作为龙门派开派祖师，其十八位弟子分别传承，共为十八房。其中第十房王道纯（志明）支系初传于四川、湖南，于清代传播到湖北当地，至清末民国仍然传承不辍，所以这一支尊奉的第一代宗师不是赵道坚，而是邱处机的另一弟子王道纯，称之为邱祖第十房，或曰第十支道院。王道纯以下，有二世李德全，三世曹通易，四世危玄融，五世常静定，六世刘真秘，七世沈常参，八世杨守诠，到明末崇祯年间，传至第九代冯太初，并开始第一次修谱，清代中后期，该支派繁衍兴盛，到民国时期，该派徒裔第四次修谱，从而留下了非常珍贵的道谱资料，也反映了该支龙门派悠久的传承历史。

《龙门正宗四修同真教谱》的发现，及其对当地龙门支派悠久完整传承谱系的记载，丰富了人们对于龙门派源流的认知，即龙门派不是一源一地形成的，应该是多源众流的。同时，教谱中所载邱祖十八位弟子各开一支，形成十八房的说法，也是独具特色的地方史料，不同于陕西陇县龙门山十三房的传说，更不见于其他文献。因此，该书对于道教龙门派的研究，提供了崭新的史料，有助于对明清龙门派整体面貌的认识。

第三，该书记载的这一支龙门道派历代宗师和历代弟子的详细信息，是一个巨大的历史人物数据库。其中收录的历代碑文、序跋、列传、别传、赞颂、山居记等，记载了当地历代全真道龙门派重要历史人物的生平事迹、弘道阐教等情况，这些人物既是道门宗师，也是地方乡贤，他们不仅注重个人修炼、修身养性，同时热心社会服务，济世度人，或施医舍药，或修桥补路，与当地民间社会、宗族乡里有着密切的联系。该书的教谱世传部分，收录了龙门派长春祖师开度的第十支道院的历代人物约 700人的传记资料，尽管没有历代碑文、列传类资料所载详细，但也基本包含姓名、籍贯、生卒年月日时、葬所、师门、法嗣等信息，这样庞大的长时段的历史人物数据，不仅提供了道士这一特殊群体的珍贵资料，也提供了当地宗族姓氏、乡土社会、庙宇网络等丰富的区域社会史资料，为当今热门的数据史学研究提供了翔实的基础历史数据。通过对入道人员的年龄、性别、教育、师承等大规模、长时段微观数据的统计分析，可以深入研究该地区宫观庙宇和出家人口的群体特征和变化趋势。

第四，该书收录了一些道门常用经典和规戒类文献，其中有些内容与其他版本存在一定的差异，有些不见于其他文献，从而具备了一定的校勘价值和独特的史料价值。例如，在"训戒类"收录的邱祖垂训文、清规榜、执事榜、五会榜等内容，经与其他类似文献（如《清规玄妙》《玄门必读》等）比较，均存在较大的差异，反映了其地方特色或不同的文献来源，可供进一步校勘和比较研究。又如，该书收录的"龙门启派长春祖师清规法示""四修续增清规"等内容，暂未找到与之类似的其他版本文献，反映了其独特的文献价值。

总之，《龙门正宗四修同真教谱》作为一部民间留存下来的珍贵典籍，不但为研究道教宗派史、区域道教史提供了难得而独特的历史文献，而且为研究著名历史人物和地方社会史提供了不少有价值的资料和数据。

鉴于《龙门正宗四修同真教谱》具有重要的历史文献价值，我们决定将这部珍贵典籍整理出版，普阳观监院何诚道道长对此大力支持并给予出版经费的资助。具体点校、整理工作由中国社会科学院世界宗教研究所的汪桂平、李贵海完成。学生张蕾琪、叶蓁蓁等帮忙录入了部分文字，特致感谢。

汪桂平

2024 年 6 月

整理凡例

一　版本

1. 本书所用底本为民国三十三年（1944）铅印本，浠水羊角尖太清观校刊印行。该版本是目前所见唯一和现存版本。

2. 本书收录有部分道教常用经典戒律，如《太上大通经》《太上赤文洞古经》等，这些经文在《道藏》《道藏辑要》等丛书中有收录，本次点校的这部分内容，将以《道藏》本和其他版本作为参校本进行校勘。

二　文本格式

1. 本书采用简体字横排，采用现代标点符号和标点规则，但限用逗号、句号、冒号、分号、顿号、问号、书名号。不用书名线、破折号、省略号、单引号，以免滋生歧义。

2. 按现代通行的格式排版，段首空两格。底本中涉及神名、人名尊称而空格或提行的，改作不空格、不提行。

三　校勘

校勘的总体原则是尽量保留底本的文字原貌，不轻易改动。校勘原则如下。

1. 只对底本作校勘，校勘内容以页下注的方式处理。

2. 如底本有错误，而校本正确者，则据校本改正，于校记中说明。凡底本无误，而校本有错误者，一般不作说明。凡底本与校本文字有异，但不能断定孰正孰误者，仍以底本为准，出校记说明校本作何字。凡底本文字怀疑有误，但无校本可作改正根据者，出校记说明，不改底本；若底本文字明显讹误者，据文义改正，并出校记说明。

3. 凡底本缺损字，可补正者，予以补正，并出校记说明；无法补正而又能确定缺多少字者，用方框"□"顶替缺字，无须注明。若不能确定缺多少字，则直接在校记中说明。

4. 原文中名物异称或通假字，一律不改。底本中的异体字、俗写字，除有特殊意义外，均改为通行字。

5. "龙门正宗同真教谱世系卷之一"与"龙门正宗同真教谱卷一下"中有同门之人名字写作相异之处，本书照录，不作考证。

目　录

龙门正宗四修同真教谱序

道之本，原出于天，天法道而运行不息。此天非欲界、色界轻清上浮之气天也，乃无极之理天耳。理者，本然之性，即无极之真也。故周子曰，无极之真，二五之精，妙合而凝。然气天之性，终有穷尽，理天之性，万劫常存。修真之士，当知无始以来，不增不减，惟此理天之性耳。性受太虚空，自天而人，性合太虚空，尽人合天矣。故修道者，必致返还虚无，方为究竟焉。况道者，扩之包乎天地，收之摄于毫末，千语万言，莫尽其端，片章寸笺，可通其微。无灭无生，常留今古；若没若显，广度天人。是道之费隐，语大莫载，语小莫破。非慧业之士，素参三教，精粹纯一者，不足以言道矣。然道以文存，文以载道，斯文所在，即道所在焉。若无斯文，则道或几乎息矣。故宗教尚焉，经律传焉，然经律之论，随机得益，随益立名。上根一闻，顿了自心，圆修道品，即名为宗；中下闻之，进修道品，渐悟真理，即名为教。是以长春邱祖阐教龙门，特设宗、律、法、教、科五品法会，以接引上、中、下三乘之士，其广大慈悲，至矣，尽矣。

吾本师王道纯真人，为龙门开演道院第十支一世祖，递传九世冯太初真人，创修教谱，至十二世黄阳中真人，别设黄坛，宏扬道法。真人即邑名流正色先生也。在明代为芜湖县令，及明鼎改革，抱忠节义，不臣清，遂遁入龙门，云游名胜，结契遗侣，后挂杖于羊角尖太清观。洎后，显凡隐圣，代不乏人。至郭教真真人，道品圆修，重扬法会，而徐永虚真人由儒归道，别得心传，盛德广誉，感化遐方。真人诠释《大学》寓言，指明内圣实功，外王治道，至理昭昭，诚发前贤所未发也。至盛圆成真人，受

1

诀黄坛，玄妙莫测，无论知者不知，一见咸崇拜焉。故沪汉诸地，宰官居士，农夫樵贾，多投拜于师门下矣。此吾门列列宗师，历历可考，妙道妙德，罄竹难书。兹当大道陵夷之际，侧身玄门者，不无承先启后之责，则续修教谱之举，岂可缓哉？于是同启于圆贞汪师叔，正其可否？师叔曰："事关教门盛典，非贞白坚毅者，难胜其任。"遂公推王明然、郭明静、郭明朴、陈明根诸师兄董其成，汪明觉、周明法、陈明智、汪明恂、郭明元、张明云诸道兄襄其事。而明吾亦滥竽其间，承乏纂辑，成帙付梓，匝月告成，诚所谓有志者事竟成也。

夫谱者，普也。事资周普，方称完璧。考前修谱牒，多有缺误，且大雅无存，于是不揣固陋，僭拟补正，遵仿史法，重编谱例。窃清修之法，莫如典礼，故典礼志首焉。内分经章类者，示修行之径也。训戒类次之，严其行持，则心性自静矣。哀祭类又次之，纪功追远，归厚德也。世法之道，在乎文字，故班氏因之作《艺文志》，余亦仿焉。大功大德，镌诸金石，永志弗谖，故述碑志类、序跋类，以存历修之文。赠序类以作褒扬之劝，颂赞类以歌历祖之功。杂著类搜集先贤著述，以作后学津梁。有永虚祖注述《大学》自序一篇，殆吉光片羽，幸寿诸梓。圆成师语录，已三版行世，仅登王葆心一序，豹睹一斑①。列传之名，始于太史公，盖史体也。述列传类以昭混元祖德，俾永垂焉。吾教诸师，蕴幽光而含盛德，不为表暴，心何以安？述别传类者，别于史氏也。世系表，仿《史记》世表、年表也。首表纪源，混元老子及东华五祖，并南北两宗、元明散仙亦附焉。次表起于道纯王祖，五世一提，提之无穷，有条不紊也。谱叙源流，由来已久，述纪源世次传者，详历代祖德宗功天爵品位也，而世传书姓名、籍贯、年月日时、师门、法嗣，令开卷了然焉。述山居记者，纪其清幽胜境，阆苑庄严，香火供养，以启来者慕道之诚，以诫常居住持之慎，翼其绵远也。综兹数类，义各攸归，虽属一教之私书，有补国史之不逮，否则不足以昭劝惩也。且吕祖序《樵阳经》云，吾承帝命，主教五陵，作选仙会长，其间有履历未及者，吾命诸真各代指授。由此观之，则同真教谱有关于选仙履历者伟矣，祖祖相传，师师相授，莫严于是焉。

_____

① "斑"，底本为"班"，兹据文意改。

虽然值兹科学竞争时代，而欲以虚无自然之道，倡明于世，不亦忧忧乎难哉？然形而上者谓之道，形而下者谓之器，物质文明，尚器者宜矣，而人心模范，则尚道者尤宜焉。伏望当道者相提并重，庶体用兼全，本末互益矣。况午会火主文明，一切智巧，发泄殆尽，是一本散为万殊矣，故竞争愈演愈剧烈焉。将来战争结束，世界种种，不无化作尘沙，则万殊仍归一本矣，斯时惟道为尊焉。修真之士，果能奋志潜修，圆顿道品，则他日万国和平会上，必为众所翘瞻矣，则斯教谱之警策，不为无功焉。

时在中华民国三十三年岁官甲申阳十一月
道祖降生三千二百四十六年岁甲申阴九月穀旦
圆成盛师门中弟子郭明吾敬撰

历代祖师像

混元老子

東華子

純陽子

海蟾子

重陽子

丹陽子

長眞子

长生子

長春子

玉陽子

廣寧子

清净散人

黄真人

郭真人

徐真人

盛圓成真人

龙门正宗同真教谱卷首上

原书目录[①]

---

①　以下目录为底本原文，可能与正文有一定差异，但为保持底本原貌，故全部照录。

---

① "犹"，原本为"独"，据正文和文意改。

民国三十三年岁甲申四修职名

督修　翠阳子王明然

协修　觉真子郭明朴

纂修　抱一子郭明吾　田明止

校正　郭明元　汪明恂　夏明我　汪明毅　田明怀　胡明安

继修　陈明智　章明成　瞿明先　得阳子汪明觉

采访　蔡圆忠　周圆亨　胡圆性　张明云　周圆昆　周明馨

经理　郭明静　陈明根

佐理　周明法　程明祥

录事 郭至厚 余明焕

监修 汪圆贞 胡圆楷 潘圆宗

凡 例

一、不立一法为宗，宏扬万法为教，是宗与教，有体用之分。且宗为师师相授，以自悟为证，不落言筌①，而教则因世法而立。前届谱牒称曰龙门宗谱，殊觉不合，且与宗族之宗，不无混淆，兹更正为龙门正宗同真教谱，以为同求全真、宏扬教法之义云。

一、道教本自老君，史载昭然，乃前谱以天、灵、神三宝为道家住世祖源，未免滋人疑窦，兹更正以混元老子为道家住世始祖，俾人班班可考，启其尊严。

一、《大通经》《赤文洞古经》《吕祖心经》《金玉玄经》，乃出家人本心之事，当谨守规戒，时常持诵，庶得全真实际，可以长生，不然，虽名道人，而本实无养，不免为君子所窃笑也。谨录守戒必持于首卷，以为有志者启发。

一、清规戒律与国家法律，表里相依，森严无比。昔褒公云，吾以律教汝，汝必无怨，以律治汝，汝何所措其手足？兹录戒律数十则，皆切于身心性命矣。所谓时时以三尺自懔，人人以五刑相规，庶惧法自不犯法，畏刑自可免刑。况出家之道，为善最乐，保身之策，守心为先，此乃祖师之戒律而谆谆告诫者，以警愚顽也。

一、本谱发议续修，为时甚促，其玄裔散居远地，多有未及采②访，编辑不无遗失之憾，下届续修，执事者幸为留心。

一、表扬善行，系崇往劝来，应当善善从长，名副其实，若过言溢美，则失本真，反生鄙视。昔蔡邕尝言，吾为碑铭多矣，率有惭色，惟郭有道不称尔，不称者，盖言称也。唐刘义持韩愈金去，曰此谀墓中人之金耳，以其意弗称也。凡来文者，须慎选焉。

---

① "筌"，原为"诠"，此据文意改。
② "采"，原为"踩"，此据文意改。

一、序传文必出大手笔者，足为吾谱光，若假衔陋习，文无可观，颇难概登。昔荆州文览禅师见壁有符载之赞①，卫象之赋，曰：何为疥吾壁？伧父为文，亦犹是也。如决意强登，是不欲为魏收藏拙耳。

一、老君本有正传，昭然可考，且与历史相符，兹录《犹龙传》，及道流轶史者，殆补正传之遗录也。

一、家谱，卒者，男书公，女书姓，故《日知录》云"太史公，司马迁称其父谈也"，《史记·留侯世家》"乃公自行"，此谓父为公也。今吾教谱于长辈羽化者，男称真人，女称元君，在家者称居士，以督修者派定前后，未羽化称派名。

一、现观宇庵堂系子孙堂，若有祖先神主及坟墓者，必须按派接其宗支，无使荒冢垒垒，英灵戚戚，有若敖氏之馁。尚愿发心志士承桃其嗣，毋替远引。

龙门正宗第十支道院历届修谱职名

明崇祯五年岁壬申创修职名

冯②太初真人

江清源真人

金一生真人

清道光二十四年岁甲辰次修职名

陈复元真人

郭复恒真人

朱本如真人

---

① "载之赞"，底本原作"赞载之"，据历史典故改。《酉阳杂俎》：大历中，玄览禅师住荆州陟岯寺，张璪尝于寺壁闲画古松，符载赞之，卫象诗之，时称三绝。师见曰：何为疥吾壁，命加垩。

② "冯"，底本误作"张"，据书中目录及正文改。

清光绪十五年岁己丑三修职名

　　督修　嵩阳子卢合霖

　　协修　归仁子马教育

　　　　　玄阳子闵合贤

　　　　　养真子郭教真

典礼志

 守戒必持

经章类

太上大通经①

　　先天而生，生而无形。后天而存，存而无体。然而无体，未尝无②存也，故曰不可思议。

　　静之为性，心在其中矣。动之为心，性在其中矣。心生性灭，心灭性现。如空无相，湛然圆满。

　　大道无相③，故内常摄于有。真性无为，故外不生其心。如如自然，广无边际。对境忘境，不沉于六贼之魔；居尘出尘，不落于万缘之化。致静不动，致和不迁，慧照十方，虚变无为。

　　颂曰：有法悟无法，无修解有修，包含万象体，不挂一丝头。

------

① 此为道教常用经典，原文在《道藏》中有收录，题为《太上洞玄灵宝天尊说大通经》，每段有标题，分别为"真空章""玄理章""玄妙章""偈曰"。见《道藏》第5册，上海书店、文物出版社、天津古籍出版社联合影印本，1988，第897页。

② "无"，《道藏》本无此字，疑衍。

③ "相"，《道藏》本作"象"。

太上赤文洞古经①

有动之动，出于不动。有为之为，出于无为。无为则神归，神归则万物云②寂。不动则气泯，气泯则万物无③生。神神相守，物物相资，厥本归④根。默而悟之，我自识之。入乎无间，不死不生，与天地为一。

忘于目，则光溢无极。泯于耳，则心识常渊。两机俱忘，绝众妙之门。纯纯乾乾⑤，合乎大方。溟溟滓滓，合乎无伦。天地之大，我之所维，万物之众，我之所持，曷有穷终以语其弊哉。

养其无象，象故常存。守其无体⑥，体⑦故全真。全真相济，可以长久。天得其真故长，地得其真故久，人得其⑧真故寿。世人所以不能长久者，为丧其无象，故其无体，不能使百骸九窍与真体并存，故死矣。

纯阳道祖除魔心咒

三五雷霆，正一玄宗。道为法本，法灭魔情。内魔既荡，外魔亡形。灵根合一，霁月会空。天罡在戍，祖炁罗胸。默朝帝座，静悟无生。至微至奥，无尽无穷。爽灵胎光，幽精黄庭。泥丸有电，遍照洪蒙。一切魔魅，永化尘风。九阳运化，永保离宫。吾奉纯阳道祖万正紫极真人敕令。

警化孚佑上帝纯阳吕祖天师心经⑨

吕帝曰：天生万物，惟人最灵。匪人能灵，实心是灵。心为主宰，一

---

① 此为道教常用经典，原文在《道藏》中有收录，见《道藏》第2册，第712~714页。以下据《道藏》本略做校对。

② "云"，底本原缺，据《道藏》本补。

③ "无"，底本原缺，据《道藏》本补。

④ "归"，《道藏》本作"其"。

⑤ "乾乾"，《道藏》本作"全全"。

⑥ "体"，底本为"醴"，此据《道藏》本改。

⑦ "体"，底本为"醴"，此据《道藏》本改。

⑧ "其"字原缺，兹据《道藏》本补。

⑨ 该经有《吕祖全书》本和《道藏辑要》本。参见邵志琳重辑《吕祖全书》卷二十一，收入龚鹏程、陈廖安主编《中华续道藏》第20册，台北：新文丰出版公司，1999。

身之君。役使百骸，区处群情。物无其物，形无其形。禀受于天，良知良能。气拘欲蔽，日失其真。此心既失，此身亦倾。欲善其身，先治其心。治心如何，即心治心。以老老心，治不孝心。以长长心，治不悌心。以委致心，治不忠心。以诚恪心，治不信心。以恭敬心，治无礼心。以循理心，治无义心。以清介心，治无廉心。以自爱心，治无耻心。以积德心，治为恶心。以利济心，治残贼心。以匡扶心，治倾陷心。以仁慈心，治暴戾心。以谦逊心，治傲慢心。以损抑心，治盈满心。以俭约心，治骄奢心。以勤慎心，治怠忽心。以坦夷心，治危险心。以忠厚心，治刻薄心。以和平心，治忿恚心。以宽洪心，治褊窄心。以伤身心，治沉湎心。以妻女心，治奸淫心。以果报心，治谋夺心。以祸患心，治斗狠心。以正教心，治异端心。以至信心，治大疑心。以悠久心，治无恒心。以始终心，治反覆心。以施与心，治悭吝心。以自然心，治勉强心。以安分心，治非望心。以顺受心，治怨尤心。以推诚①心，治猜忌心。以镇定心，治摇惑心。以中正心，治偏袒心。以大体心，治细务心。嗟乎！人心不治不纯，如彼乱丝不理不清，如彼古镜不磨不明，如彼劣马不勒不驯。我故说经，欲治人心，人心得治，天地清宁②。

偈曰：一切惟心心最危，范天围地发光辉。

　　　　天心即在人心见，人合天心天弗违。

道祖无极上咒

乾坤浩荡，日月光盈。三台朗照，应地安贞。玉都师相，吾圣真君。大慈大悯，大德大仁。十方三界，六道四生。遇缘斯化，有感必灵。天神拱卫，威将随行。大灾急难，永化微尘。仙宗玄教，耀古腾今。太虚无极，聚象成形。口口存道，存道道存。存乎至道，慧炬常明。邪魔远遁，灾障无侵。修持匪懈，道果圆成。急急如天仙肇派纯阳道祖律令！

无极至道冲虚太妙金玉玄经

大道无名，不可言思。总之曰妙，妙妙难窥。象之曰玄，玄玄难知。一

---

① "诚"，底本作"诚"，据校本改。

② "清宁"，底本作"宁清"，据校本改。

关洞启，万理咸归。见浅见深，各以意为。鼎炉水火，徒费许词。抽添进退，见亦旁歧。玄关妙窍，一心具之。心真无妄，心正无敧。心空无物，心实无倚。四大假合，心以心迷。一元自运，心以心治。先天一炁，以体合之。窅窅太虚，在初生时。形与气合，是分两仪。五行备具，运转无违。至道无象，至心无为。以心合道，气精神机。如天垂象，运乎四时。如帝端拱①，化乎郊圻。水木同华，金水交资。火水既济，木火齐辉。金木杂揉，火金炉锤。颠倒五行，填补坎离。伏息气中，功始筑基。凝神气母，志凑单微。雪霙六出，天花乱飞。明月一轮，清水一池。霹雳一声，莫知谁为。不先不后，不疾不迟。非无非有，去智归痴。冥冥默默，心与天期。以灭为生，神动天随。再出再入，白鹤玄龟。伐毛洗髓，脱尽肤肌。身有众妙，从欲以施。煮汞削雪，攸往咸宜。返虚入混，归②证天墀。以斯言道，玄妙可思。以空求妙，妙妙在兹。以妙参玄，玄玄可几。灵台一点，归有余师。

训戒类

大罗天上选仙品律

孝子节女，忠臣烈妇，勤修妙道者，登上品莲座。
平生厚道，皈戒清严，勤修妙道者，登中品莲座。
悔过斋戒，重人道行，勤修妙道者，登下品莲座。

龙门启派长春祖师清规法示

尝闻大道之精，杳杳冥冥，大道之极，昏昏默默，行而久之可贯矣，惟在长远坚固。盖初出家之士，其心如山溪之水，一涌而消也，故曰难矣。纵有立志者，初心不过似电光之灼，岂长久哉。吾今劝三山五岳门徒，各派高明之士，各自摸心揣胆，一个个别父母，抛妻子，弃富贵，丢

---

① "拱"，底本缺字，据《道藏辑要》本补。
② "归"，底本缺，据《道藏辑要》本补。

亲朋，孤孤单单，独步山川，而磨其筋骨，饿其体①肤，受不尽饥寒之苦，所为何故？请诸隐逸自察良心，岂不恫哉！若遇贤良，化他一碗淡饭充饥；倘遇恶人，受他多少挟气。请问列士：一个个定要出家，就皆顾其教？像常日在俗，有那些不好？何须绝灭俗世门户，何必受这般苦处！况又不能化这一碗欠债饭。观尔等概行之事，尽是玷辱今生，何必如此？若依吾劝，且听吾言，各宜回光返照，真诚灰心，各遵师训，谨守清规，立三千之功，积八百之果，自然修真有分，进道无魔，参会玄虚，飘六月之白雪，发三春之黄芽，超出尘寰，上谒天真，方是大丈夫之所为哉！可谓全真道人，岂为区区而混衣食乎？

道祖开方便之门，岂容匪徒供膳藏身哉！况我道祖开天立教，留有三乘五品之门户，而修养各自不同。夫上乘者，苦志专修，立造生度死之权，存济人利物之念；夫中乘者，虔心斋戒，绍隆廊庙，志心恳祷，祈求禳解之行；夫下乘者，戒杀放生，舍药施茶，修桥砌路，方便诸事之善。五品者：宗品、律品、教品、法品、科品。

夫宗品者，或是中年看破红尘世事循环之理，不贪名利，立志出家，遍游名山洞府，参玄访道，故道祖云：单衣瓢食，即吾门之真弟子也。

律品者，是玄门之要事，开旗放戒，传演教规，晓谕十方，各派以遵诲示也。

教品者，代礼应教，宣扬妙范，申文上表，设醮度幽也。

法品者，是天师门下请箓授职，替天行道，与国应济，使民无患，而邦安世泰也。

科品者，即住应售之所宫观，绍一方民居，凡济幽利显，禳解祈求之事，为火居道士也。

以上五品者，各有所司，不可混乱乘品。若有志坚精修之士，参详品类，遵乘品以立念，久久行持，毋二尔心，证今生之福果，修来劫之不堕。既在玄门，恪守清规，当体太上修真之路，猛勇精进。虽千磨万考，要思自己历劫冤愆未除，永久莫悔。待至苦根除尽，自有甜来，善芽增长，常宜清静，一念纯真。嗟夫！躯栖浊世，倘有浮翳，障隔触发，以致

① "体"，底本作"醴"，此据文意改。

颠倒妄为，不但道品难证，而与自性有累。凡我派后辈玄裔，当自省察，如有违犯，自禀上人，请刑责处，切勿隐过瞒昧。如隐瞒者，特为示知，明扬易失生前过恶，暗隐难逃死后罪愆。即脱前非过恶，勿留后报。罪愆自获，后悔晚矣。

邱祖垂训文①

吾教后辈门人知悉：尔等悟士，既入玄门之正教，必通夙世之善根，一证今生之福果，二修来劫之不堕。若有向道之真心，当遵太上之法律。奈何门人不自知觉，只②图道教以度平生，不知玄科而有禁戒。夫粒米文钱，俱皆有所关系，乃世人之膏脂，农夫之血汗，非用心以难消，岂无功而可受。

汝等愚迷，不自揣量，不肯修持，反言本教无功，便随外道有益，以致奸盗邪淫，损人利己。或荤酒赌博，坏教败宗；或烧炼假术，骗哄迷人；或借旁门，毁谤正教。此似无赖，种种不堪，此是正教之所为乎？且莫说尔等后学之辈，难逃静观果报③，即天神有过，则谪其位；地祇有过，则降其职；神仙有过，则堕其尘；鬼祟有过，则灭其迹；君王有过，则失其国；臣僚有过，则加其刑；士人有过，则削其名；庶人有过，则掠其福。一切过恶，各有所归，何况尔等作孽者，岂无报应乎！吾教后辈门人，当自闲处揣心，出家所为何故？盖为看破尘缘，轮回苦恼，方才进道，岂可反造衍尤，重增孽债？

法有三乘，遵依本教而行，量力而进，立志而守，苦志而修，方是出家之正路也。夫上乘者，修真养性，苦志参玄，证虚无之妙道，法天地之正气，除尘世之冤愆，广行方便，大积阴功。只候三千功满，八百行圆，然后身超三界，位列天仙矣。或跨鸾鹤而朝金阙，或驾龙凤而赴瑶池，千真敬仰，万圣护持，与天地同体，日月同明，岂不为出世之大丈夫哉！

---

① 此为道教重要经典，有多个版本，如《清规玄妙》《玄门必读》《三乘集要》等均有收录。此处底本所载，与他本稍有差异。其中多为文字语法上的差异但不影响文意者，就保存原貌，不出校注；个别文字明显有误并影响文意者，出注说明。

② "只"，底本作"品"，据《玄门必读》本改。

③ "难逃静观果报"六字，底本原缺，据《玄门必读》本补。

夫中乘者，秉心演教，礼忏诵经，讽太上之法科，礼天尊之宝号，信心恳祷于圣前，虔诚斋戒于庙内，清静身心，阐扬大道，一念纯真，常存正法。运应灭度之时，自有善神拥护，或送皇宫，或生官府，或为君王而名登九五，或为卿相而位列三公，那时万民敬仰，四海投归，人中殊胜，岂不尊乎？

夫下乘者，修宫建庙，印经造像，修桥补路，戒杀放生，施茶舍药，捡骨陵坟，推慈悲之本，绝悭贪之意。或周济穷苦，低下为心，尊师敬友，接待往来，爱老恤贫。以待功行圆满，自有金童接引，转化为人，得生富贵之家，一生受用无穷，岂不快哉。

如此修为三乘之法，句句分明。若要不省者，不除酒色财气，不如还俗归家，染苦为乐，随心所欲，任意所为，岂不乐哉。何必久恋玄门，迷而不省，造下无边罪孽，果报难逃，过化之时，看待推谁。有志诚者可以深入，无夙缘者可以速退，不然造罪加倍，吾其怜悯，为此训焉。倘有见训者回心，闻训者转念，重整刚志，痛改前非，猛勇精进，承办道业，闻者省悟，见者开①发，省悟者回光之心也，开发者返照之意也。如不早觉，必永失真性，一堕冥途，常沉苦海，化为异类。到此之时，悔之何及！聪明达人，仔细思之，今生错过，大道难遇矣。切切此训。

清规②榜

伏以阆苑琳宫，实脱俗离尘之地；清规道范，原陶情淑性之乡。听钟鼓之铿锵，不觉尘缘俱淡。聆晨昏之吟咏，朗然世虑全消。既登此选仙法坛，当究竟超凡胜事。自太上开混元之教，道德为尊；长春演全真之科，威仪是重。天上不容无礼之神仙，人间岂有犯规之羽士。此修心炼性之所，非醉生梦死之场。惟彼下愚，自失真趣，以颠狂为出世，以放荡为率真。自是自非，假仁假义，不思变化气质，常欲嫉妒贤能。云朋霞友之良箴，还同剩语；玉律金科之妙谛，竟若陈言。苟希心于脱俗，宁堕志以染尘。凡在丛中，总归教下，破得梦中之梦，跳出天外之天。任是顽铁精

---

① "开"，底本误作"闻"，据《玄门必读》改。
② "清规"，原本作"规清"，此据目录和文意改。

金，尽入红炉冶炼。威仪有失，戒律施行。谨具清规，开列于左。

一、凡犯奸盗拐骗，败太上之清规，坏列祖之宗风者，架火焚身。

一、凡忤慢师长者，杖革。

一、凡饮酒茹荤博弈者，杖革。

一、凡谈论国家兴废者，杖革。

一、凡言及闺阃事务者，杖革。

一、凡假外术哄骗诱引者，杖革。

一、聚众混闹丛林者，杖革。

一、私自募缘不入常住者，杖革。

一、毁谛常住者，革出；侵夺执事者，杖革。

一、抗昧清者，杖革。

一、拐骗常住及大众物件者，烧单。

一、造言惑众者，或赌博洋烟者，俱杖革。

一、烧香结党者，逐出。

一、詈骂大众，污言毁伤人父母者，杖革。

一、倚官长势，及恃己能，欺压道众者，公议杖革。

一、恃强欺弱，凶怒凌人者，革出。

一、假冒黄冠，混乱宗派者，逐出。

一、嫉贤妒能，刁唆是非，使众不睦者，革出。

一、宾客往来，私留款宿，不白知客者，客去跪香。

一、私出不告假领签者，跪香。

一、神前怠玩，轻言互笑，两相恼骂者，同跪香，争则逐出。

一、上殿登坛谈喧哗，背立呼童，斜目曲视，吸烟唾痰，摇扇不依敬礼，言词倒错，拜跪不恭者，跪香。

一、偷造饮食骗众者，跪香。

一、不随众出坡者，跪香。有公事免。

一、朔望祝诞云集不到者，跪香。公事免。

一、开静不起者，或止静后审寮喧哗，俱跪香。

一、不守本职，乱管他人闲事者，或错乱钳锤者，跪香。

一、毁坏常住器皿者，照赔。

一、司理宝殿楼阁、早晚香灯、供桌灵不洁者，跪香。

一、上斋堂食饭不带衣冠，及跌筷子落地者，跪香。

一、争斗，解劝不从者，跪香。不平则逐出。

一、衣履不洁上殿，私自开看藏经者，罚斋。

一、夜寝后大惊小怪，言语骇众者，跪香。

一、凡越规之人，该管首领徇情废规，按所犯者轻重条例，加倍议罚。

一、凡戊日而开静烧香上章进表关申天曹者，灭身。知而故犯，殃及九祖，酆都万劫不原。非佩篆者灭三等。

《赤文宝章女青天律》所载，以上数条，略陈大概，非不稍宽其责，备实以广用其化裁。如兹美玉，必假千磨。譬彼精金，须经百炼。若检束身心，事事行皆有得，更严遵规矩，时时动罔不藏，自然渣滓潜消，愆尤尽涤，迹返清虚之境，神游碧落之天。同进玉成，各加珍重，毋庸志退，常励心坚。特榜。

执事榜

尝闻天地设位，尊卑各擅其权；日月呈形，昼夜代司以职。盖道本运行而不息，何人敢放逸而无为？惟我全真邱祖，大阐玄风，新辉道日。故作凡作圣皆由我，而悟真悟道岂让他。集十洲三岛之英才，尽归林下；会五岳四渎之志士，皆入个中。树密枝高，身丛志励，须睁慧眼，并立慈心。但食必报功，岂容偷安之辈。而力能胜任，方为称职之人。夫诵经礼忏，尽是法门。即运水搬柴，无非妙用。欲图善后，当悟本来。各展谋猷，勿酿素餐之诮；同勤胜事，莫贻郎①越之羞。所谓体不劳而志不坚，行不苦而基不筑。既幸云水相逢，烟霞集会，诚心理应，方知出世生涯；立志修持，才得登仙活计。他日三千功满，刹那白日飞升；八百行圆，咫尺丹书下诏。回瞻世界，乐如何之。兹愿吾侪，各宜勉尔。谨将应派执事，开列于左。

方丈　　监院　　总理②　　都管　　都讲　　都厨

---

① "郎"疑为"陨"。

② "总理"，原本作"理总"，此据文意和他本改。

知客	巡照	巡寮	海巡	纠[①]察	库房
账房	高功	书记	知翰	副经	主忏
表白	提科	静主	经主	殿主	堂主
化主	铺设	香灯	点作	圜堂	行堂
贴案	买办	钟板	钟头	鼓头	米头
柴头	水头	火头	菜头	饭头	茶头
箸头	园头	庄头	门头	圊头	夜巡
洒扫	侍岁	监修	捡瘗	侍者	知随
公务	杂务				

以上派职，各有专司。既具一材一艺之能，宜效群力群才之用。不须越分而从事，务要低心以勉为。积功累行，自有功行。克满之期，苦形劳神，宁无形神俱妙之日。朝夕毋庸懈怠，行持所贵专勤。七宝林中，总是返本还原之士。三清境上，谁非修心炼性之人。各植仙根，同登道岸。故榜。

五会榜

夫源流者，溯源于太上，沿流于重阳，受钟吕之真传，立愿普化三洲，同归五会。一曰平等，二曰金莲，三曰玉华，四曰三光，五曰七宝。乃设一榜，随所在悬之。文曰：窃以平等者为道德之祖，清静之源。金莲玉华[②]之本，三光七宝之宗，普济群生，遍照世俗。银熠充盈于八极，彩霞蒸满于十方。人人愿吐于黄芽，比比不游于黑路。玉华者，气之宗。金莲者，神之祖。气神相结，谓之神仙。心忘念虑，即超欲界。心忘境缘，即超色界。心不着物，即超无色界。离此三界，神居仙圣之源，性在清虚之境矣。是以发金莲七朵，传授七真。曰邱长春，曰刘长生，曰谭长真，曰马丹阳，曰郝广宁，曰王玉阳，曰孙不二。邱祖乃传宋敷化赵等十八人，广演各派，嗣系弗克尽详。惟我第十支道院本师王道纯祖派下，则宜举而备载焉。兹仿苏氏合例，编为一图，使推而下可以知其所传，推而上可以知其所祖。庶几源流脉络可指掌而见矣，而孝弟道义之心亦可油然而

---

① "纠"疑为"纠"。

② "华"，底本缺字，据文字加。

兴焉，后来者又可因此而广衍之。

初真戒律摘要

昆阳子王常月著

凡初入太上正宗法门，不问道俗，必先遵依太上金科玉律三洞戒文，供养大道尊像，表通都天纠察王天君，请祈盟证，受三皈戒。

第一皈身太上无极大道，永脱轮回，故曰道宝。

第二皈神三十六部尊经，得闻正法，故曰经宝。

第三皈命玄中大法师，不落邪见，故曰师宝。

天尊曰：三皈依戒者，天地之枢纽，神仙之根基，发行之初门，建心之元兆。运气含灵，冥真入理，包罗有象，朕形无外。持之者天地神明庆快，心智耳目开张，万物敬畏，六腑和乐，众真卫护，群生父母，长世不遗，人身交泰。三皈依竟，乃受太上老君所命积功归根五戒。

一者不得杀生；

二者不得荤酒；

三者不得口是心非；

四者不得偷盗；

五者不得邪淫。

凡能持此五戒，精进无虞者，益算延龄，天神护佑，永脱五刑之苦，世世不失人身。既受太上老君所命积功归根五戒，每日早晨焚香诵《太上三元三品三官大帝护国佑民延生保命真经》，接念《太上感应篇》，逐日演诵，校正自己身心有无所犯。每诵经篇一句，则反思曰：我能受得否？我能不行否？如此勇猛精进，言行不苟，三皈不犯，五戒无虞，煅炼百日，恶念尽消，器皿已净，方许受虚皇天尊所命初真十戒。

第一戒者，不得不忠不孝，不仁不信，当尽节君亲，推诚万物。

第二戒者，不得阴贼潜谋，害物利己，当行阴德，广济群生。

第三戒者，不得杀害含生，以充滋味，当行慈惠，以及昆虫。

第四戒者，不得淫邪败真，秽慢灵炁，当守真操，使无缺犯。

第五戒者，不得败人成功，离人骨肉，当以道助物，令九族雍和。

第六戒者，不得谗毁贤良，露才扬己，当称人之美善，不自伐其功能。

第七戒者，不得饮酒食肉，犯律违禁，当调和气性，专务清虚。

第八戒者，不得贪求无厌，积财不散，当行节俭，惠恤贫穷。

第九戒者，不得交游非贤，居处杂秽，当慕胜己，栖集清虚。

第十戒者，不得轻忽言笑，举动非真，当持重寡辞，以道德为务。

既受初真十戒，以证真人之果，更勇猛精进，持守言行，毫无过犯，方许再受太上老君所命中极三百大戒。若只口诵心违，言清行浊，或始勤终怠，半途而废，名曰故知故犯，其罪尤重，愈不可悔，永堕沉沦。女青天律无情，即太上复出，亦不能救汝。学道仙子，思之慎之。

女真九戒

一曰孝敬柔和，慎言不妒。

二曰贞洁持身，离诸秽行。

三曰惜诸物命，慈愍不杀。

四曰礼诵勤慎，断绝荤酒。

五曰衣具质素，不事华饰。

六曰调适性情，不生恼烦。

七曰不得数赴斋会。

八曰不得虐使奴仆。

九曰不得窃取人物。

以上女真九戒，若道姑，若信女，而能行持不退，有大利益。不经地狱之苦，必生十善之家，再能精进修持，圆成戒果，名登紫府，位列仙班矣。

昆阳律师付嘱偈

其一整衣

太上传流一戒衣，冠簪巾履立威仪。坐宜平正行宜缓，身要端庄眼要低。托钵化斋防滑石，展规朝礼莫拖泥。灯前烛下休铺叠，壁上钉头必远离。

其二护钵

钵乃全真大法王，囊为梵衣谨包藏。随身走路须防跌，过宿安单莫挂墙。便是同衣休乱借，斋完洗涤莫慌忙。如同护命时时记，谨慎修持道自昌。

其三惜鞋

芒鞋须不比寻常，谒圣朝真上法堂。或用布包收直袋，莫连泥土入衣囊。出恭告净先宜换，走路行程另一双。污泥地下休乱去，忌缝皮底造愆殃。

其四藏牒

戒经戒牒谨藏身，不比寻常别样文。性命所关心要细，神仙有分念须真。尘垢案头休展放，轻狂侣伴莫谈论。布缝小袋时时佩，妙行精严动鬼神。

其五参访

敬谒当家即下参，知宾相会借安单。粉墙板壁休题句，净地云堂勿吐痰。随众上堂勤课诵，逢人应对谨言谈。平心定气声和缓，踵息深深莫放参。

其六行持

戒是全真第一关，受之容易守之难。对人最要言谈少，打坐常教意念安。托钵化斋消岁月，云踪鹤迹觉清闲。降心坚固行持久，性定神凝自返还。

中极戒摘要

窃念人非圣贤，孰能无过，戒非昭著，谁见其微。伏查中极戒律，本为戒子箴规，而居山修持，亦当预知谟训。谨体太上悲悯之怀，用敢冒昧钞袭之录。不书次第之条，免淆律令；实录律文之义，庶得真诠。后来者虔诚熟读体行，庶免吾妄干摘录之过。道门幸甚，余厚望焉。

甲戌仲秋郭抱一附识

中极上清洞真智慧观身大戒经

智慧观身大戒，流景散漫，映焕太虚，积三千余劫，其文始出，乃是元始天王授之太上高圣道君。于是相与登洞真之堂，说而诵之，以传太微天帝及太极高仙天王，口口相传，不书于文。太微天帝受戒时颂曰：智慧起本无，朗朗超十方。结空峙玄霄，诸天挹流芳。其妙难思议，虚感真实通。有有无不有，无无无不容。智慧常观身，学道之所先。渺渺任玄肆，自然录我神。天尊常拥护，魔王为保言。晃晃金刚躯，超超太上前。智慧生戒根，真道戒为主。三宝由是兴，高圣所崇受。泛此不死舟，倏欻济大有。当此说戒时，诸天来稽首。戒曰：

不得杀害一切众生物命

不得啖食众生血肉

不得饮酒

不得啖五辛

不得绮语两舌不信

不得恶口骂詈

不得以未得妄言为得，未证妄言为证

不得窥闺妇女稍生淫念

不得窃盗人物

不得妄取人一钱以上物

不得图谋一切人物

不得横求人物

不得恚怒师表

不得背师恩爱

不得嫉贤妒能

不得不忠其上

不得罔略其下

不得欺罔老幼

不得欺诳同学

不得嫉妒同学

不得轻慢弟子

不得嗔恚弟子

不得视弟子偏颇

不得溺爱弟子

不得说人过恶

不得轻慢老人

不得富厚忘师

不得口是心非，内怀阴恶

不得贪利人己无厌

不得多积财物不思散施

不得私蓄刀杖兵器

不得栏养及鞭打六畜

不得有心践踏虫蚁

不得为观玩钓弋以为娱乐

不得上树探巢破卵

不得羡慕富贵希图逸乐

不得用金银器食饮

不得营谋身后厚葬体骨

不得以食物投水火中

不得烧败成功现物

不得埋藏器物

不得贪着滋味

不得以粗物易人好物

不得訾毁人物为恶

不得自誉己物为好

不得妄作书与人，投书赞人

不得评论国事

不得以书字器物投埋秽处

不得设权变谋

不得占卜军国事物吉凶

不得无故见王侯贵人

不得妄说天时指论星宿

不得数往来富贵之家

不得习天文星相占卜等艺

不得北向小便

不得便溺虫蚁上

不得便溺生草上

不得便溺人所食水中

不得笼罩鸟兽

不得惊散栖伏

不得无故采摘花草

不得以火烧田野山林

不得无故砍伐树木

不得冬月发掘地中蛰藏

不得偏众独食，择美食

不得预世间婚姻事

不得破人间婚姻事

不得持人长短更相嫌恨

不得泄人阴私

不得闻人恶事猜疑百端

不得妄求窥人书疏

不得夺人暗室中火

不得避众独行

不得与女人独语独行

不得男女群居

不得与女人同食，交错衣物

不得亲教女人

不得面誉世人，阴毁善人

不得说人亲长过恶

不得疏宗族亲异姓

不得阿党所亲

不得教人轻离家室

不得因公报怨

不得亲近异类，妄聚众人

不得妄受人礼敬

不得与恶人交游

不得夺人所好物

不得自骄自贵

不得任性自用

不得怀怨思报于人

不得以秽物戏人

不得怒目视人

不得妄作忌讳

不得薄贱人老病残疾

不得弃薄乞人

不得恃威势以凌世人

不得嗔怨师长

不得与父母兄弟别门易户

不得攻击善人

不得评论师友才思长短

不得嗔责善人

不得轻慢师尊，违背盟誓

不得轻慢经教法言

不得骂人为奴婢畜生

不得快人过失

不得谩骂使令挞其四体

不得快人家灾祸

不得敛告烦扰世间

不得为世俗人作礼主

不得占知世间吉凶

不得去就背向违道

不得倡和词讼官事

不得与俗庆吊

不得与俗人群党更相嘲毁

不得自炫能医

不得假借人物以为礼赂

不得轻慢官长

不得为人作中保契卖交易

不得施惠追吝

不得在人中多语参预流俗

不得游遨无度

不得驰骋流俗求竞世间

不得登高下临

不得掩他人功以为己德

不得向神鬼礼拜

不得为人往来传送恶言

不得向神鬼咒誓

不得预世间议论曲直事

不得裸形三光

不得择好房舍床榻卧息

不得妄呵风雨

不得评论人家饮食好恶

不得劝人为恶事

不得淫祀神祇以求侥幸

不得阻人为善事

不得不修斋直及斋直不精

不得惊怖老少

不得假借财物不还本主

不得阻人念道

不得师受经道而称已得

不得望人礼敬

不得宗有丧疾怨道怨师

不得笑人顽暗贫穷

不得说灾厄惊惧人民

不得荣饰衣服华丽

不得惊惧鸟兽促致穷地

不得与不孝悌人交往

不得傲慢三宝轻忽天尊

不得信外道杂术邪见

不得遇诸天斋日不礼经忏

不得矫异自号真人

不得衣物盈余不散穷人

不得身不净而上高座

不得假托经师欺诈来学

与人同行，当让人前

与人同学，夏亲执爨

与人同学，冬亲汲水

与人同食，当食其粗

与人同食，当食止己前

与人同学，住当任人处分

与人同学，当念教不懈

与人同学，当敬胜己先觉

与人同学，当请问先进

人施恶于己，不得有怨

失物当委运自悔多罪

乞化食食，祝愿主人得福，一切饱满

与女人共语，不得正视面容，含笑相对

与人同渡，不得争先择地

失物不得疑猜同学

多疾病，当恭己自责，念改往修来

当忍人所不能学

当断人所不能断

当学人所不能学

当容人所不能容

所至之处，必先问贤人善士，当亲依之

所至之处，必先问其禁忌

身不洁净，魂魄离人

凡入人家，必先问其家中尊长名讳

有人谤己，当精修大道，勿忧闷以损精神

学无经业，精神浮散，真想不通

有心则天真高逝，魔官不服

有家则三毒不灭，三真不居

有身则众欲不去，精思无应

当栖心静寂，万虑俱忘

当委志虚无，内外洁白

当灭识见，然后真人现

当念菜食为常，一志清俭

当居山林幽静，精思至道

当念先度人，后度己身

当念烧众明香流芳诸天彻魔境界

当念在贤众中听受妙旨

当念安贫读经，行道无倦

当请受三洞宝经，勤身供养

当念立功度人，终劫不倦①

当念报师友本德，终劫不怠

当念国中清净，王化太平，无有不道

当念邻国有道，各守境界

当念祝愿百姓，令常安全

当念万物为先，不但祷祝己身

当念敬远鬼神，不谄不慢

当念远外术禳魔之道

当念远离巫觋妖妄之人

当念远声色歌舞之术

---

① "倦"字原缺，兹据他本补。

当念崇本守真，一志无移

当念口不违心，心不负形

当念信守经戒，无有疑贰

当念无求无欲，清白守贞

当念心无异想，惟空惟寂

当念家家安宁，咸无苦痛

当念世间忧危之人罪系苦恼咸得消释

当念天子圣明宏道，皇家日盛

当念台辅贤良，常保有道

当念天地日月风雨霜雪以时

当念父母养我因缘

当念七祖父母咸升天堂

当念我师早得升度

当念天尊放白毫相光，济度三涂咸得光明

当念同志辅相教导，令入正道

当念不违其口所诵之文

当念勤服炁断谷，为不死道

当念勤求长生，昼夜勿倦

当念勤避嫌疑，勿恃①恩情裹狎

当念勤避患难，勿苟贪世荣

当念勤避凶人，弃背朋友

当念我宿命因缘根断

当念我胎根已绝，不复世生同缘种亲

当念我生树已枯，神合太无，无数之劫，体道合真

当念洞观十方，无所隐藏

当念三涂路塞，地狱长休

当念清气养神，弃诸肥滋

当念常存三宫，真人子丹

---

① 底本为"特"，疑为"恃"，此处照录。

当念处世光和，不矫于俗

当念守雌抱一，肃若对神

当念登仙度世，利济群生

当念师友同学，共成道果

当念持三宝经戒，常诵不辍

当念亲见真仙高道，修行法事

当念圣王治世，海外稽首，乘风向化

当念食天厨自然之膳，无饥渴之想

当念与天真共对，淡然无为

当念遨游洞天阆台昆仑

当念游诸天宫宅，与真人问道论经

当念游诸天阙贤钧天乐，无世间想

当念隐密天真名讳，不出于口

行戒不犯，犯即能悔，改往修来，劝人奉受，念戒不念恶，广度一切，自感神真，吉无不利，保汝成真。

三丰祖师座右铭四则

一大器量铭

人要把天地间人民庶物灵灵蠢蠢好好歹歹的气象，一肚装得下，臧否不挂于口，喜怒不形于色，此方是兼容并包大气量。

二大学问铭

人要把天地间穷通得丧苦苦甜甜浓浓淡淡的境遇，一眼看得穿，无往而不相宜，无入而不自得，此方是学圣希贤大学问。

三大涵养铭

人要把天地间生老病死牵牵缠缠劳劳碌碌的事情，一足蹬得开，淡泊以养其志，清净以安其神，此方是切己关身大涵养。

四大豪杰铭

人要把天地间圣贤仙佛高高大大真真实实的功夫，一肩担得住，穷理尽性至于命，积精累气以成真，此方是空前绝后大豪杰。

天仙大戒摘要

伏念仙分九品，有戒皆可修成；法别三乘，无戒终难澈悟。然品开上下，定功果之弘微；而戒有精粗，考行修之深浅。故初中以戒其行，而天仙乃戒其心。由疏入密，自人达天，了净凡因，妙成圣果。谨摘录天仙戒文，以为功深者劝云。

老子降生三千二百四十六年岁甲申仲秋月郭抱一再识

元始天尊说天仙无极大戒

《元始天尊说无上内秘真藏经》云：汝等四众，勤行道戒，积渐累功，证成道果，一切法众，悉是戒行。又曰：汝等勤行教化，依此大乘，勿生异想，即是方便得入大慧法门，功德自在，得自在力，不生不灭，能度众生，灭烦恼业。

《洞玄灵宝业报因缘经》，太上道君言，始自发心，终于极果，念念不舍，持戒不犯。上清有三百观身戒，洞神有七百二十戒，玄都律文天尊有千二百威仪戒。

《太上虚皇四十九章经》云：斋戒者，道之根本，法之津①梁，子欲学道，清斋奉戒，念念正真，邪妄自泯。又云：割嗜欲根，入清净境，无作诸苦，无造诸恶，无生诸见，无起诸邪。又云：学道之士，清静为本，长斋眇思，啸歌太无。睹诸邪道，如睹仇雠。远诸爱欲，如避臭秽。除苦烦恼，断情爱缘。溟溟浊海，自得静戒。如白莲花生淤泥中，亭亭出水，不受污染。五脏清夷，三田革素。太玄真人，自与子邻。又六根不净，当洗其心，心不受垢，自无诸秽。

《洞玄灵宝因缘经》云：自三清以下，乃至十方上圣真仙，皆由戒得。戒曰：

一者智慧法忍，二者慈悲法忍，三者含忍法忍，四者行功法忍，五者修心法忍，六者善业法忍，七者精进法忍，八者饰②身法忍，九者遣情法

---

① "津"，底本为"律"，此据他本改。
② "饰"，底本为"饬"，此据他本改。

忍，十者普身法忍。

《孚佑帝君十戒过格》，戒者为功，犯者为过。

身功过：一曰戒杀，二曰戒盗，三曰戒淫。

口功过：四曰戒恶口，五曰戒两舌，六曰戒绮语，七曰戒①妄。

意功过：八曰戒贪，九曰戒瞋，十曰戒痴。

以上数条，粗说戒相，若详言之三洞真文内天仙大戒，穷劫说之，亦不能尽。今即玉光普照天尊碧真宫大戒问于汝等，诸法子听受戒规，端在立志，志在精勤一真不懈，志在坚确万有难惑。

上帝云：

受戒者不杀微命，是教尔等发慈悯心；

受戒者不起淫意，是教尔等发洁白心；

受戒者不生诤念，是教尔等发忍辱心；

受戒者不盗一芥，是教尔等发明净心；

受戒者不欺一愚，是教尔等发真实心；

受戒者敦行尽力，是教尔等发报本心；

受戒者语言无妄，是教尔等诚②发诚一心；

受戒者千魔不转，是教尔等发坚固心；

受戒者宏发愿力，是教尔等发广大心；

受戒者事圣不倦，是教尔等发精进心。

千戒万戒，无非圆满，此诸善心，诸法子何以具有此心，须要自今以始，迄无量劫，世界有尽，我此诸善心量无尽，此无量心能持否？众白：尽形寿命，常持此心，依教奉行。

《太上十二品法轮劝戒经》云：受真戒者，使戒根牢固如玄都山，戒相端严如玉京殿，戒德光明如琉璃珠。

《洞玄灵宝千真科戒》云：静思入定，降伏外魔，名为净戒。又云：弃色断情，长斋持戒。

《灵宝元阳妙经》云：有持清净法戒，则得真道。

《玉皇本行集经》云：奉戒专一，冥心大道，清斋宏誓，千万劫中。

---

① "戒"，底本原缺，此据文意补。
② "诚"字疑衍。

又云：但清能静，持戒专一，并能修斋护持净戒者，是人功德，坦然无碍，自在逍遥，号人中圣，德慧常新。

四修续增清规

一、太清观为本师玄坛阐道之场，陈家庵为本坛道侣清修之地，且永虚徐祖、圆成盛师邱墓在焉，所关最重。况二庙向系倾颓，香火零落，曾经诸先师惨淡经营，多历年所，始得于辛未年重建太清观，复于甲戌年重建陈家庵。是此二庙，虽系檀越旧宇，究系吾门新建之常住。以后住持二庙者，须具有清修道行者方可，否则应公议更换，免滞宗风。

一、接引法徒，系继往开来，阐扬宗教，凡为师者，须自问具有自度度人之智，始可得开法门，否则不可冒昧充师。况人之大患，在好人师，圣训昭然。且当其人来投拜时，须考虑伊人因何发心，若为求开度，可予接引，否则善言婉谢，免遭妄诞之议。然当徒拜礼之时，须召道友二人作证盟师，以昭郑重，并得实时以三皈五戒条文朗言开示徒子，使其从此进修，以启来学。否则滥行呼引，未免轻贱道法，致招外侮。

一、清虚宫系吾门创建真宇，供奉历代宗师，且纯系坤众清修之地，即为国家清节之堂，最关严重。凡属道众，非为道务要公，毋得轻易驻足。

一、清虚宫现为坤众求法之门，住持者圆贞汪老师规戒严厉，清苦自持，以后凡属本宫法眷，无论出宫在宫，均须永承法戒，不得接收乾徒，违者杖革。

一、乾坤两道，须各别常住。况男正乎外，女正乎内，家庭尚严内外之防，且东极居修男仙，瑶池居修女真，天上犹分男女之界，则吾人五浊秽体，尤当严别阴阳。况大道不分男女，是太上慈仁普度之怀示掌法船者，不得重男轻女，须随缘引度。不得借此谬解，使男女混杂，致干清议。但吾人功到忘世忘情纯阳境界，庶可混元一炁。

一、本支道众，散居浠蕲，不无离群索居之感，以后若因道务，及先师祭期会集时，当互相劝戒，并得各宜虚心接受，庶得大道同登。

右款于甲申年秋月，经道众会议通过交刊。

郭抱一修正　　附识

龙门百字派

道德通玄静，真常守太清。一阳来复本，合教永圆明。
至理宗诚信，崇高嗣法兴。世景荣惟懋，希微衍自宁。
为修正仁义，超升云会登。大妙中黄贵，圣体全用功。
虚空乾坤秀，金木性相逢。山海龙虎交，莲开现宝新。
行满丹书诏，月盈祥光生。万古续仙号，三界都是亲。

哀祭类

郭养真师尊祭文

场边筑室，端木氏孝尽三年；岩上悬莲，重阳祖梦开七朵。师弟同于父子，受恩焉敢忘恩；霜露感于春秋，务本宜思报本。恭维养真师尊，质列三才，身全九世。和光混俗，成真于浠水兰溪；希圣超凡，演教于三山羊角。受先师之真诀，九转金丹；遗后学之良规，三乘大法。满门桃李，同沾春雨之恩；数仞宫墙，共见文章之美。卜佳城于黄土坳上，虎啸龙吟；奉木主于雷坛庙中，金声玉振。广传道法，普度贤良。若恩师徐静虚承先启后，道统永垂；张义臣师救父割肝，孝思不匮；汪志义师晚年修养，道果圆成；盛丹成师救劫度人，遐迩仰赖。比数人者，可谓后先济美，凡圣同钦者也。兹值一阳初复，四序将更，山意冲寒，放梅花于岭上；岸容待腊，舒柳色于堤边。乘好景以兴思，切时光而祭奠。爰联道侣，共荐馨香。伏愿慧心秉赤，法眼垂青，佑启后人，办功而禅功勇进；栽培来学，证果而道果常圆。庶五千道德之经，直接真传于老子；而九二原人之众，同赴胜会于龙华。不尽凡衷，统希慧鉴。

徐静虚师尊祭文

伏以不灭不生，佛氏泯去来之迹；知生知死，孔门慎冥素之防。刈薪死则悔薪生，物本常也。然事生如何事死，天性存焉。恭祝先生性生恬静，德本慈祥，自幼知书，性理与文章兼到。辞家入道，尘缘与世网俱空。回思忠孝神仙，念念系慈母之线。到底友于兄弟，声声吹伯氏之埙。痛鸦片流毒靡涯，广行施治；思鹤侣栖迟无地，甚费经营。化洽两蕲，门下亦云多士；道成万劫，世外无虑长生。胡为乎五秩足欠两年，性明秋水，六月二十四日驾返道山。天数难稽，既挽回之无术；师资不远，思图报以无从。爰乃筹备斋田，缘留香火，岁岁值归空之日，不爽瓜期；人人摅拜祷之忱，共伸葵向。证明道果，蒸来宝鼎之香；圆满经功，受得玉皇之箓。未必超凡入圣，借此步虚；聊为报本追宗，永存纪念。尚飨！

皈依弟子一阳子田圆甫敬撰

丹成师尊祭文

呜呼！丰碑屹屹，尽是悲观；宿草累累，徒存感想。望归来之鹤化，未审何年；忆过去之螺容，难堪今日。恭惟恩师，生有灵根，更修慧性。延黄坛之一脉，未竟厥功；归清虚已十年，有谁继志？当其收罗三教，来往两蕲，红树青山，共睹风流奕奕；黄童白叟，同听诲语讳讳。炉畔薪传，及门缘浅。云中采药，救世情殷。留纪念弗只一端，荷栽成何能数悉。而乃天偏爱道，寺不留师。方后事之关心，指归龙虎；忽中途而撒手，啸傲鸾凤。呜呼！遗蜕犹存，哲人长往，山颓木坏，有天莫问长生；德贵道尊，无地能招已逝。指徐侯之墓，远隔三山；合汪伦之坟，联同一圹。河山有幸，羊角增辉。冠履难凭，马鬣可想。弟子等感恩雪涕，访旧沾襟，难从云路以问奇，空向墓门而读祭。洒三杯之清酒，直达重泉；焚一束之纸钱，敬资冥斧。所翼丹忱可鉴，翩然披发下大荒；明德维馨，莞尔从容安此土。呜呼哀哉，伏惟尚飨！

皈依弟子汪明恂敬撰

圆修陈真人墓祭文

丰碑宿草，过墓未免兴哀；落凤伤麟，作铭总缘思旧。德则崇而功则报，祀事孔明；春感露而秋感霜，礼仪最敬。恭惟真人富有灵根，善培元气，尘缘俱淡，世虑全消，红树青山，舒卷之闲云久伴；紫文玄印，贵尊之藻笈频开。定出世于千秋，丹邱望重；绵玄宗之一脉，青简名高。其了凡乐道有如此者。彩虹卧去，不惊如带之横流；青雀飞时，底事以衣而厉涉。茂草无伤，夫踋踋皇路；青夷谷风，何憾乎迟迟。古馗坦荡，既减望洋之叹，又除当道之榛。其修桥补路有如此者。随时救世，针灸研太乙之精，应劫度人，推跌分达摩之妙。胆慑军中韩范，贼畏英名；奇探肘后方书，术臻神化。拳决痴迷之障，虎可伏而龙可降；药贮太和之春，生者回而死者起。其圣医神武有如此者。他如传徒以继手术，建庙以妥神灵，施茶水以解渴烦，施粥饭以免饥饿，种种善举，处处可钦。此皆以不动而发为有动，神守物资；由下乘而极至上乘，功圆行满。除顽空之见，破执信之迷，诚有见于六一泥丹，由来多误；五千道德，不说飞升者也。方冀全真科演，共守清规，混元教宏，同沾德泽。采云中之妙药，与道合真；贯炉畔之传薪，及门者众。而乃天公多妒，尘世无缘，殒一路之福星，杳万家之生佛。赵惠宗火中化鹤，岂避烽烟；唐李泌诗里盟心，不安葱汁。竟丹梯而风上，遂紫府以云游。呜呼！佳城郁郁，薤露凄凄，木坏山颓，对景殊难忘景；云飞霞散，有情何以为情。然德自贵而道自尊，总精神之不死；忾乎闻而僾乎见，觉謦欬之常新。群瞻道貌之岩岩，共接风流之奕奕。则金刚不坏，不仅同璧玉以无瑕；而石椁书铭，又岂止河山之有幸也哉。弟子等感恩痛切，叹逝情深，难从蓬岛以招魂，空向墓门而致祭。陈园□之数品，进鲁酒以三巡，订元、八月以为期，滴九泉而欲到。伏愿云车下降，鉴此丹忱，鹤驾遥临，怜兹孺慕。龙蟠虎踞，拥吉穴以周遮；水秀沙明，环群峰而拱揖。既孔时兮孔慧，自不骞而不奔，将见羊角增辉，梅杏、桂菊与青松并茂；龙门式廓，释儒同道教归宗。不尽哀衷，伏惟尚飨。

民国三十三年仲秋月，皈依弟子郭登石盥手敬撰

龙门正宗同真教谱卷首中

艺文志

碑志类

新建太极观碑

太极者，妙合阴阳，包罗万象也。故太上老子，手执其图，正以广运万化，而仍归混元一炁焉。后之修真者，能契斯者，可庆有成。

若恩师圆成盛大真人，功深克己，道合清虚，言法行则，感化良多，故沪浙皖鄂诸地崇信者，莫可胜计，而浠蕲两邑为尤甚。且因师教而悟真者，亦良多焉。法子等欲为真人建筑庙宇，以妥其神，作千秋盛业，为万世馨香。始告无愧，但清幽胜境难觅，遂付缺如。岁壬午，有及门弟子王明然，得睹赵家山形势崇峻秀拔，群峦环拱，真祖师栖真之阆苑焉，且遥遥与羊角尖相峙。遂约法友郭明静、陈明根等，集资建筑。不意有素服膺盛师之汪学玄者，闻之携资来助，同成义举。不数月而庙貌巍峨，耸立云际，颜曰太极观，供奉太上吕祖及黄大真人、盛恩师真人诸像。而同门捐资较巨者，亦可入主附祀，庶可永为黄坛门下子孙世祠焉。於戏！诚盛举也。

然盛师之灵既归帝阙，其庙祀与否，固不足为身后之荣。而法嗣遑遑若此者，盖一则纪其道德以感化方来，一则报其师恩以谢前愆凤业，殆师门之上达士也。但愿后之居是观者，时伸警策，以追效真人，刻苦清修，温和化世，庶可大阐玄风，则吾门幸甚。恭疏短引，附记捐赀衔名，俾后之览者，有所兴感焉。

弟子郭明吾敬撰

徐师尊墓志

师俗姓徐氏，字少和，道号静虚，圣讳永虚，世为浠水人。少孤，事母以孝闻。自幼好道，探迹索隐，苦行为学，独能得先天之奥，而忘神混合于虚无。平居和光同尘，犯而不较，惟以舍药济人为事。故造访者无虚日，师接之以礼，治之以诚，所费虽不资，而所全沾者，则不可胜计之。尝著《医方》及《大学解》等书，并能发前人所未发。初出家于国清寺，继居大仙庙，晚由兰溪之下寺徙居三角山。弟子从之游者甚众，师循循善诱，被其教者类多刻苦自励，以求合乎大道之中。故三四十年来，上自学士大夫，下至樵牧妇孺，莫不敬而信之。然则人称师者，固非偶然，而师之道行可想见也。

师以癸丑六月二十四日登，距师生同治丙寅冬月二十八日，得年四十有八。诸弟子葬师于陈家庵下首白虎觜，子山午向。

后学汪瑞安谨撰

盛炼师墓志铭

炼师讳圆成，一讳丹成，姓盛氏，浠水东区人。家贫，性颖悟，十六岁丧父，念一丧母。岁庚子念六，值清季变乱，出家求道，人炫以移山倒海术，不为所惑。嗣闻徐道师静虚开化三角寺，往事焉。徐知为道器，属意磨炼，以不屑之教教之，每与诸弟子讲道，师至闭户不纳，甚以遽词厉色加之，去则讲论如初。如是者数年，无一训词，师执礼愈笃。徐见性定，乃授金丹真谛。复得黄真人点体，闭语三年。退居羊角尖绝顶独处，刻苦自励，绝顶悬岩下有盘石，趺坐闭语又三年。苦薇寒泉，借充饥渴，尝以升米度月余，齑粉菜羹，口角鼷涅。数膺魔难，蛇虎肆扰，气不馁，心不动，久之大益澈悟。出游江汉皖沪苏杭诸名胜，历访道观，出语辙惊。其长老望实日进，文武官师以至商农樵牧，问道者踵相接。尝曰：大道不出日月伦常，人能如此力行，可入德即可凝道。又曰：世界治安在人心公平，心平则治，天随人转。大要以正心诚意、尽人合天为宗旨，见在问心为方法，应物不迷为征验，词少理多，殆由宿慧，扶翼世道，福力为多。

师和光同尘，有教无类，所遇多豪华而守约如故，募化所得，随即散之贫民，不积一钱。度世化时行方便，如修桥路、施茶药诸义举，罔不尽心倡导，人亦信其操行，乐为布施，每每数百之役徒，巨万之工程，按期集事。上年蕲阳之战，腥闻在天，为敛残尸数千，如封京观。此其彰明较著者。其他治怪病，解险厄，恒讳言法术，不使人知，潜德苦行，不胜枚举。以是妇孺知名，乡国善士执弟子礼，群推为正道先觉也。山居两蕲罗英之间，今岁赤军正烈，七月下山，思于浩劫有所补救，罗[①]疾乃还。

师以光绪乙亥年正月初八日午时生于七里冲，民国壬申岁八月廿四日辰时卒于羊角尖太清观，春秋五十有八。遗著有《觉世语录》待梓。是岁葬于本山新庙之右偏，未向。从游道俗哀悼如丧所生，谋为志墓，用垂永世。铭曰：

世风移，宗教弛，非常道，有盛氏。

学非显，术则闳，吾何取，取专一。

忍困辱，安艰苦，等面壁，侔柏杵。

诚则明，穷则通，跻正觉，勤外功。

平道涂，广封术，泽枯骨，惠行旅。

弘德教，尊彝伦，能利物，能济人。

匪虚无，乃实有，道同归，功不朽。

角尖山，高极天，昔入定，今永安。

下大荒，乘直炁，存者神，保兹世。

壬寅科举人前黎大总统府秘书长　乡弟瞿炅干琴谨撰

汪师永义真人墓志铭

真人俗姓汪，浠川南溪人。尝倾家究玄学，与徐二先生师事郭姓，慷慨

---

① "罗"，疑应为"罹"。

愚事有为。二先生晚年正得诀，门徒益广，真人为之撑持方外，茹苦千般，虽劳弗怨。而诚心守孝，依墓三年。其抚孤侄，养孀嫂，及与人交接，悉中礼节。晚年居羊角尖，造修新庙，门下坤道咸赖焉。夫人邓氏早殁，遗女宝贞大志，童年以慕道自任，恪遵师训，竟不字人，殆所谓是父是女者也。

真人生于前清咸丰庚申年六月二十五日卯时，羽化于民国壬申年二月二十九日卯时，卜葬于羊角尖新庙之右。爰为之铭曰：

繄我平阳，厥多异人。倾家卫道，历尽苦辛。

家人之吉，利于女贞。其德不爽，是之为神。

弟子汪明恂子渊敬撰

盛真人墓志

盛真人道号圆成，一号丹成，世居浠水县七里坪。年十六丧父，二十一丧母，遂游于方之外，弃后天，觉先天，拜徐静虚居士为师。历住蕲阳坪大仙庙、三角寺，终结茅羊角尖，创造太清观。清苦自修，勇猛煅炼，精诚所感，天神鉴临。年三十受黄真人秘诀，发誓度人，功修益进，去来休咎，洞若观火。近年来，光黄异人咸来问道，诊病、施药、施棺、建醮、修桥、补路，殆其惯事。间或飞舄江汉，受其点化得渡者无算。观其貌，飘飘若仙。聆其言，谆谆劝善。身被衲袄，手方便铲，外无他物。喜观剧，人争乐为东道。其逍遥脱略有如此者。世人多不解其故，吾知其感风云之变态，等宇宙为舞台，借此以作象征耳。庄叟梦蝶，老子犹龙，真人盖得其神似矣。民国二十一年壬申八月二十四日辰时无疾坐化，距生于光绪乙亥正月初八月午时，寄尘世五十八年云。

壬寅科优贡殿试大挑一等清逊任湖南武冈州知州民国

任大冶县知事　三角山民苏钟贞毓青敬撰

陈圆修炼师墓志铭

炼师讳圆修，字正宏，浠水县西戴家洲陈氏子也。洲界扬子江头，人民杂处，俗尚刁悍，遇谨愿者过其境，则交相伎求以困之。炼师祖父独安本分，尚忠厚，力田以生。炼师少年尝愤污俗，每以正义匡斥恶少，故洲人常畏炼师之戆直，时敛恶迹。炼师生当清末叶，见名家废弛，人心陷溺，知时局将乱，遂弃俗返本，受道于徐静虚先生门下，参究性理。炼师幼因家贫，不通文字，虽不能澈悟究竟，然真积力久，自得致虚守中之妙。而清心持己，忠恕待人，不失道门风规。炼师住持羊角尖太清观，至诚感神，檀越咸化为善，故能改建淋①宫，巍峨石室。修石桥于百丈冲，便行人之险涉，常施膏药，多培道路，见善奉行也。炼师少精少林拳术，善治跌打折毁，重伤虽死，一经炼师手术，无不奏效全生。且炼师神勇绝伦，有某家遭回禄被火焰，将储藏室门封闭，某家哀号绝命，师怜之，将被絮濡水蒙首，冲火焰而破其室，以出其积畜资。自是义勇弛闻。故炼师所居，强梁绝迹，而问道问术之高足弟子，多出两蕲，皆善士也。炼师于道侣见具上乘者，恒抱护持行愿。竟以私积购田于清虚宫左手下田一所，计佃米一担正，拨归清虚宫，以维持香火。至今列供木主，以酬炼师德也。

炼师以前清同治甲子年六月二十三日申时生，以民国三十年辛巳正月二十二日巳时卒，葬于清虚宫左侧山埂，子山午向。

铭曰：三山耸立翠层峦，常居隐逸悟真仙。炼师弃绝江头浊，悠悠我思慕浩然。

民国三十二年秋月世侄郭明吾抚平敬撰

序跋类

创修教谱原序

肇自鸿蒙未判，阴阳未分，无天无地，无日无月，浑浑沌沌，包罗一团，无生之始，图极未剖，是为道也。待至有生，阴阳辟判，天开于子，地辟于丑，人生于寅，三才定位，理之初也。夫理者，莫不由道，道即是理，而理非不可行也。故曰道能生天生地，生人以来，为道之始也。而道乃救劫之源，无劫不下尘世。所以太上一立，为道之祖。常行好生之德，因劫而化。辰会龙汉祖劫，青阳初立，水势滔天，老祖下世，化生度人。待至巳会，谥号赤明，红阳佳节，届定二期，兜率分性，号曰释迦。梵王

---

① "淋"，疑应为"琳"。

太子，洪基不登，弃国访道，拜授然灯，示以率性，为释之根。午会将至，化羲皇身，画图演卦，人皇之尊，神仙鉴考，诸子可评。成汤伊尹，宣王周英，俱系祖化。教设杏坛，教贤七二，训徒三千。化身项橐，理数昭然。复化河上，道德解宣。太上阐化，历帝师先。治国齐家，立性命坚。果证道德，嗣系玄玄。金丹奥旨，东华受传。玄珠以付，西姥承耽。授以正阳，将军遗范。纯阳进士，示以海蟾。相卿道兴，重阳宏阐。七朵金莲，同登蒲团。架分上下，邱祖行功。难明位证，天仙爵品。宇宙大阐，龙门遗留百字法派，本师十房王真道纯，志明字讳。二祖德全李人，三祖通易道号，四祖危氏玄融，五世静定常姓，六祖真秘刘存，七世常参姓沈，八祖守诠杨生，九祖太初冯氏，道品鸿钧，量宽宇宙，出志超群。创修教谱，有益后人。毋畏其劳，不惜囊金，详原察本，毫无丧倾。虽则言无承接，实考历来祖根。是为序。

明崇祯五年岁官壬申秋令毅旦
晓山道侣敬录

重修教谱序

尝闻道高尺，魔高丈，由来久矣。然道无魔而不兴，魔无道而不起。道魔并至，真伪终分。原因谣传顿起，魔考将兴，道侣星居，不无散佚。况龙门玄裔，散居诸山，远离者不无受屈，近栖者或多恐怖。值此皇风大考，难免退志他投。又恐旁门杂化，混迹涓张，致难剖白。来衢黄师，思惟无策。一日散步书斋，忽见宗卷列几，触目惊心。洞悟其机，重整规范。遂集道众，酌议曰：重修正宗教谱，叙其来历，清其本源，使玄裔法派昭然，不致紊乱，各有所本，自行表正。传曰：物有本末，事有终始。知所先后，则近道矣。

夫谱者，普也，普载龙门规戒，及玄裔德行也。且可作继往开来之津梁。后之仁者，按谱追远索本，可厚其孝思；寻支旁征遗贤，可宏其道谊。况窃闻一生金祖，嗣法子有二，阳中黄真远客匡庐，法裔甚盛，因地遥涯角，尚付缺如。抚心自思，不无歉然。后之肩斯任者，尚其留意焉。并望大展才猷，善为补正，庶成完璧，丕振玄风。遂于本春二月，演同玄裔，就泽潭县城南慈慧庵，延请梓人，校刊成帙①。由复元程兄督理，本如朱子协助，并输巨资，成此美举，遗芳名于玄门，后之接新准绳，亦了然而无惑②矣。

然回忆崇祯五年秋，我祖冯太初真人创修宗卷，稍述崖略，法派朗然，而发凡起例，未尽其详。余与元兄才学谫陋，亦未能润色宏猷。聊成规范，依戒律而效训，遵道要以整严，列条列规，准今准古，有谟有典，安己安人，以附诸例，不越祖规。是为序。

清道光二十四年岁官甲辰仲春月　穀旦
通家弟李正南敬撰，程复元同朱本如敬

三修教谱序

从来至人立教，必观其通；达士穷经，当会其极。自韩吏部《原道》论出，斯世儒者，遂执入主出奴之说。而儒道两教，几若冰炭，不相投焉。呜呼，何其固也。独不闻至圣文宣王闻礼老聃，曾有老子犹龙之叹乎？后汉孔融谒李膺，亦云累世通家，非无据也。考诸载籍，老子名聃，字伯阳，母孕八十一年，从右肋生，生首即白，故曰老子。生于李树下，因指李为姓。迨后骑青牛过函谷关，关令尹喜望紫气东来，伏而迎之，授《道德经》五千言，与儒书相表里，非其彰明较著者耶。至《古镜录》所载，玄中法师出上皇时，金阙帝君出下皇时，广成子出黄帝时，以及文王时有支邑先生，武王时有叔子，汉初有黄石公与河上公，历代行踪，班班可考，何必侈谈乾坤一壶诸事迹，令后人聚讼纷纷，谓道教之不可及，亦犹天之不可阶而升哉？余往岁游显灵庙，谒王大炼师，幸晤卢嵩阳，谨同马归仁烹茗谈经，原原本本，心仪之久者。今因宗乘重修，爰据实直书，以信今而传后耳。是为序。

清光绪十五年岁次己丑季秋月　穀旦
增广生黄居正敬撰
嵩阳子卢合霖、归仁子马教育敬刊

---

① 底本为"铁"，据文意改为"帙"。
② "惑"，底本为"感"，兹据文意改。

赠序类

十世祖江清源真人道行序

尝闻道不远人，而为道自远矣。夫道者，有阴有阳，有清有浊。精修真一之道，欲行本行之源，须择善固执，悠久为心。儒云见善如不及，见不善如探汤，此也。所以邱祖指示后裔，皈依龙门正宗，莫投邪径，免堕沉沦罟阱矣。故历代师祖，大阐玄风，遵正遗留，迷津共渡，云游楚北襄郡，教化远安县城，连栖数载，不遇知音，慨系愚顽之流截，无善信之可教也。幸蒙玄帝指引原人辅临金氏，天然善性，投拜龙门，皈玄道号，一生为名，遗命创谱，来因未成。历代宗祖有荫，单传一脉，至今独立，中流砥柱，标榜众型。历祖功行录篇，集成宗音，有光道化，谨纪盛行。

清道光二十四年仲春月栖庐居士敬撰

十一世祖金皈玄真人阐化序

欲见贤而不以其道，犹欲其入而闭之门也。同学同参，由欲道入玄门，当勤参奥妙，悟透真机，则庶无愧矣。若夫礼门义路独步先天，惟上志能由是路理应昭然，出入是门，婴姹交眠。尚闻诸祖诸师一步单传，优游度日，契结同参，云游四海，募化英贤，重新梵刹，太子坡巅。运三回九转之秘诀，降伏魔冤；作翻坎颠离之奥旨，详河究洛。面北朝南，敕封仙品，顾盼回坛，慈悲济世，利益人天，永为道准。颂曰：道阐东林兮尘世翩翩，接引原①人兮普度大千。直指单传兮三回九转，返虚还无兮五炁朝元。三花聚顶，凝结一团。吾祖不谬兮诚诰后贤，玄风飘渺兮上帝旨宣。青云得路兮万灵考选，三乘九品兮不下尘凡。偈曰：觅访伴侣结同参，独步龙门占一团。玄珠炼罢功成就，传流后世谒高贤。

清道光二十四年甲辰仲春，居士戴世禄敬撰

---

① "原"字原缺，兹据他本补。

汪圆贞师叔序

浠川自英山发源，曲折二百余里，中多环成太极之象，殆天地间特衍奇形，盖为孕育真人也。至兰溪入扬子江，水口朝西，正语云："水出西江口，神仙满天走。"昔何仙姑降诞零陵，殆亦潇湘清淑之气所钟也。师叔世居兰溪上堤，得江河涟漪浩荡之气。先世有隐德，父永义公，性诚笃，服膺先正忠孝节烈，每话及，不啻有倒身投拜之诚。母邓孺人，性淑慎，娠师叔时，清逸无忧，惟畏腥荤。及师叔诞世，幽贞异常，爱如掌珠，故命名曰宝贞。年十六，永义公礼师郭祖教真。及徐师永虚过从于家，辄作平原之会，夜静说法。师叔旁听言下，如惠能六祖得应无所住而生其心之悟，遂发心出世，愿刻苦清修。师叔幼字李门，永义公以未便绝俗，使人有废伦之议，遂央翟某先生，转商李氏，出资另娶，李氏亦愿成善量，竟允解除。师叔乃效孙不二真人，毁容自励，从永义公来羊角尖山居修道，殆清淑之气，仍集清虚之地耳。历岁修持，饥餐野菜，渴饮清泉，酷夏严冬，露坐穴宿。虽猛虎无畏，毒蛇不惊，其坚贞苦励，数考不退，乃灵根有自来矣。故得性功纯定，智慧特开，而作坤流之导师焉。现住持清虚宫，门下道众数十。随师居修者十余人，皆清苦励修之士，正气一团，有益风化。吾谨序之，非特表扬师叔之盛德，抑为后来者勉耳。

民国三十三年岁甲申秋月，门侄郭明吾抚平敬撰

汪圆贞师叔六十晋二寿序

师叔乳名宝贞，父讳永义，母邓氏，道行俱父母世系下。师堕地不茹腥荤，年六岁入学读书，从郭老先生游。十二岁便知大义，读古忠孝节义神仙传，即怀出尘之想。十五岁投拜徐师永虚门下，得授正诀，心无退转，起大坚固。先是师幼时许字李姓，年二十四岁李姓求婚，师学孙真人毁容，愿逃脱红尘，推翻欲海。父母见师志定，托翟老先生从中婉劝，得与李解除婚约。年逾花甲，精神强健，五夜跌坐，不退初心，所谓此守死善道者。门徒济济，道法兴隆，非偶然也。

浠蕲毗连有羊角尖，高峰崒嵂，颇具壮观，乃圆成盛师成道了道之所，并其遗蜕在焉，丰碑屹屹，近今罕有。山中清虚宫住持为圆贞汪坤

师，师为永义祖女公子。母邓元君怀师不茹荤腥，入口辄吐，生时金光匝户，人咸异之。年十余即思出世，受度于永虚祖，唾弃一切，毁容习静，了彻先天。徐祖盛师羽化后，玄门一线之延，维师是赖，门众称为中流砥柱，洵不诬也。予无似走谒山间近三十年，每见师如春风和气，霭然可亲，又如翠竹碧梧，肃然可敬。而师不惜苦口婆心，尝举玄门矩矱，津津为予乐道。今岁甲申，师网罗门众，监修同真教谱，条分缕晰，纲举目张。由是言之，师之慧性坚定如彼，大倡宗风又如此，以一身系羊角尖之薪传。待后守先，不第门之坤徒有所瞻仰，吾辈抑借以探奇抉奥，然后知天地之气有所钟，山川之灵有所属，其神之健，年寿之永，有未可臆度逆料之者。会谱事告竣，师寿六十晋二，同人请为寿言，遂书其崖略，预为师祝。

时在中华民国三十三年甲申仲秋月重九前五日

徒侄明恂宗子渊敬撰

列传类

先天道源五祖传略

一祖天宝丈人。

混沌太无玄玄高上玉虚之炁，至龙汉元年化生出书，度灵宝丈人。

二祖灵宝丈人。

赤混太无元初紫虚之炁，至龙汉开图化生，至赤明元年出书，度神宝丈人。

三祖神宝丈人。

冥寂玄通元无上清之炁，经一劫至灵元年号三皇洞神，出书度西王姥即西华母。

四祖西华元君。

即至妙洞阴极尊太极虚无之九炁九灵龟台金母，出书度金阙帝君。

五祖金阙帝君。

帝父光严妙乐国王，帝母宝月光皇后，生于丙午岁正月初九日午时，

65

修三千二百劫，位镇金仙，作万天主，演教开度。

犹龙传

妙无天帝，太极之初，生出三炁，为玄元、元始、始气，化生先天老君。自尔以来，老君乃以玄气时时化生，变形易号。在天皇时，降为通玄天师。龙汉元年，又号玄中法师。在地皇时，以赤明元年降为有古先生。在人皇时，降为盘古先生。开皇元年，又号金阙帝君。在伏羲号郁华子，在神农时号大成子，在祝融时号广寿子，在轩辕时号广成子，在颛帝时号赤精子，在帝喾时号录图子，在帝尧时号务成子，在帝舜时号尹寿子，在夏禹时号真行子，在商汤时号锡则子。先天老君虽是历劫化度，而未形诞降之迹，乃于商第十八王阳甲十七年庚申之岁，自太清仙境分光化气，寄质于楚之亳州苦县濑乡曲仁里流园玄妙玉女身中。玄妙昼寝，梦吞五色流珠，因而有孕，容颜益少，神气安闲。八十一年为商二十二王武丁九年庚辰岁二月十五日，母攀李树，乃剖左胁降生。须发皤然，乃指李曰：此姓也。降生之时，登行九步，步生莲花，陆地芬芳，大彰神异，日童扬辉，月妃散花，七元流景，祥云荫庭，四灵翊卫，玉女捧接，万鹤翔空，九龙吐水，以浴圣姿。降生之后，左手指天，右手指地，曰：天上地下，惟道独尊。世间之苦，何足乐闻。九日之中，身长九尺，七十二相，八十一好，如鹤发龙颜，身滋白血，顶有日光，面凝金色，舌络锦文，额有参牛达理，日月角悬，长耳距目，鼻纯骨双柱，耳有三漏门，美目广颡，疏齿方口，足蹈三五，手把十字文。因生即皓首童颜，母命名曰老子，字伯阳，又名聃。至周文王时为守藏史，武王时为柱下史。见素抱朴，少思寡欲，执古之道，以御今之世。谦德不显，隐道不彰，博古知今，无微不彻。东训尼父，致有龙犹之叹，西化金仙，大地作狮子吼。其著述道典丹经，流传于世者，不可胜数。至秦昭王九年，西升昆仑，计九百九十六年矣。其中又降度尹喜、庄周、张道陵、王伭甫诸真。唐尊号曰混元上德皇帝太上老君道德天尊。

孔子问礼

敬王十七年戊戌，孔子谓南宫敬叔曰：吾闻周有老聃，博古而该今，通礼乐之源，明道德之归，则吾师也。遂与敬叔诣周，问礼于老聃，访乐于苌弘，历郊社之所，考明堂之制，察庙朝之度，于是喟然曰：吾乃今知周之圣与周之所以王也。及去周，老子送之曰：吾闻富贵者送人以财，仁者送人以言，吾虽不能富贵，而窃仁者之号，请送子以言乎？凡当今之士，聪明深察而近于死者，好讥议人者也。博辩宏达而危其身者，好发人之恶者也。无以有己为人子者，无以恶己为人臣者。孔子曰：敬奉教。自周反鲁，道弥尊矣，远方弟子之进，盖三千焉。

《史记》曰，孔子问礼于老子，老子曰："子所言者，其人与骨皆已朽矣，独其言在耳，君子得其时则驾，不得其时则蓬累而行。吾闻之良贾深藏若虚，君子盛德容貌若愚，去子之骄气与多欲、态色与淫志，是皆无益于子之身。吾所以告子者，若是而已。"孔子去，谓弟子曰："鸟，吾知其能飞，鱼，吾知其能游，兽，吾知其能走。走者可以为网，游者可以为纶，飞者可以为矰。至其龙，吾不能知其乘风云而上天。吾今日见老子，其犹龙邪？"

孔子行年五十有一而不闻道，乃南之沛见老聃。老聃曰：子来乎？吾闻子北方之贤者也，子亦得道乎？孔子曰：未得也。老子曰：子恶乎求之哉？曰：吾求之于度数，五年而未得。老子曰：子又恶乎求之哉？曰：吾求于阴阳，十有二年而未得。老子曰：然。使道而可献，则人莫不献之于其君；使道而可进，则人莫不进之于其亲；使道而可以告人，则人莫不告其兄弟；使道而可以与人，则人莫不与其子孙。然而不可者，无他也，中无主而不止，外无正而不行。由中出者不受于外，圣人不出；由外入者无主于中，圣人不隐。

孔子见老聃而语仁义，老聃曰：夫播穅眯目，则天地四方易位矣，蚊虻嘬肤，则通夕不寐矣，夫仁义憯然，乃愤吾心，乱莫大焉。吾子使天下吾失其朴，吾子亦放风而动，总德而立矣，又奚杰然若负建鼓而求亡子者邪？夫鹄不日浴而白，乌不日黔而黑，黑白之朴不足以为辩，名誉之观不足以为广。泉涸，鱼相与处于陆，相呴以湿，相濡以沫，不若相忘于江湖。

孔子见老聃归，三日不谈，弟子问曰：夫子见老聃亦将何规哉？孔子曰：吾乃今于是乎见龙，龙合而成体，散而成章，乘乎云气，而养乎阴阳，予张口而不能嚼，予又何规老聃哉？

孔子谓老聃曰：丘治《诗》《书》《礼》《乐》《易》《春秋》六经，自以为久矣，孰知其故矣。以奸者七十二君，论先生之道而明周、召之迹，一君无所钩用。甚矣夫！人之难说也，道之难明邪？老子曰：幸矣，子之不遇治世之君也。夫六经，先王之陈迹也，岂其所以迹哉。今子之所言，犹迹也。夫迹，履之所出，而迹岂履哉？夫白鵙之相视，眸子不运而风化。虫，雄鸣于上风，雌应于下风而风化，类自为雌雄，故风化。性不可易，命不可变，时不可止，道不可壅。苟得于道，无自而不可；失焉者，无自而可。孔子不出三月，复见曰：丘得之矣。乌鹊孺，鱼传沫，细要者化，有弟而见啼。久矣夫，丘不与化为人！不与化为人，安能化人！老子曰：可，丘得之矣。

轩辕问道

《南华经》云：吾师乎，吾师乎，齑万物而不以为戾，泽及万世而不以为仁，此庄周以道为师也。老氏在天，以玉晨大道君为师，在人间世，以常枞为师，虽老氏之圣，犹不能无授受之迹，又况非老氏者耶？《书》云：事不师古，以克永世。且先觉者，博古而知今，适足以为楷模。以之修身，与夫治天下，则能长且久，故黄帝立为天子，十九年行天下。闻广成子在于崆峒之上，往见之曰：我闻吾子达于至道，敢问至道之精。吾欲取天地之精，以佐五谷，以养人民。吾又欲官阴阳以遂群生，为之奈何？广成子曰：而所欲问者，物之质也；而所欲官者，物之残也。自而治天下，云气不待族而雨，草木不待黄而落，日月之光益以荒矣，而佞人之心翦翦者，又奚足以语至道邪！黄帝退，捐天下，筑特室，席白茅，闲居三月，复往邀之。广成之南首而卧，黄帝顺下风膝行而进拜，稽首而问曰：闻吾子达于至道，敢问治身奈何而可以长久？广成子蹶然而起，曰：善哉问乎！来，吾语汝至道。至道之精，窈窈冥冥，至道之极，昏昏默默。无视无听，抱神以静，形将自正。必静必清，无劳汝形，无摇汝精，无俾汝思虑营营。目无所见，耳无所闻，心无所知，汝神将守形，乃可以长存。内闭汝外，多知多败，至阴肃肃，至阳赫赫，赫赫发乎，天肃肃地。我为汝遂于大明之上矣，至彼至阳之原也；为汝入于窈冥之间矣，至彼至阴之原也。天地有官，阴阳有藏，慎守汝身，物将自壮。我守其一，以处其和，我故历修千二百岁矣，吾形未尝衰。黄帝再拜稽首曰：广成子之谓天矣！广成子曰：来，余语汝。彼其物无穷，而人皆以为终；彼其物无测，而人皆以为极。得吾道者，上为皇而下为王，失吾道者，上见光而下见土。今夫百昌皆生于土，而返于土。故余将去汝，入无穷之门，游无极之野，吾与日月齐光，与天地为常。当我，缗乎！远我，昏乎！人其尽死，而我独存乎！帝行之，天下大治。久之，帝诣青邱峨嵋，谒见诸真，皆得真诣。铸鼎荆山，乘龙白日升天，群臣同升者七十二人。帝有离宫别馆在名山洞府者，三百余所，并□为道观，每观度道士七人以焚修，道观之号，自兹始也。

道流轶传①

太上老君者，吾道教之鼻祖也。自三代而下，无世不出，历劫度人，由来尚已。谨录《仙鉴》及诸子书载道祖，略详言之。

有能承流宣化者：文始关尹子，通玄辛文子，洞灵亢仓子，子林壶丘子，正名尹文子，冲虚子列子，南华蒙庄子。

宗老氏流派者：鬼谷子、扬朱、崔瞿、却之绮、柏矩元、元阳子、伯阳童子、匡续、蔡琼、南荣趎。

宗灵感教召者：杜冲、宋伦、安期生、路大安、姑射老叟、刘翊、千古刘惇、王纂、恒法闿、寇谦之、梁谌、韦善后、叶法善、罗公远。

有传仙宗者：侯道华、刘从善、王仙君、贾善翔。

宗道承真素者：茅蒙、居士王方平、李意期、张道陵、刘冯、李少君、魏伯阳、栾巴、阴长生、张申、张景霄、刘政、孙博、左慈、介象、介琰、刘景、东郭延、灵寿光、罗先期、何述、石帆公、宫九、施存、葛玄、尹思、尹轨、樊中和、女仙李元一、刘纲、樊云翘、东陵圣母、李婧、王烈、郑思远、李虚中、李保真、林通元、张泰宗。

传经度世者：刘海蟾、姚坦、周亮、曹浑成、许碏、茅盈、朱璜、五谷神、皮玄燿、折象、王长、刘划、薄姑延、徐市、郭文举、司马承祯、

---

① 下文收录的诸多道人名号，有些可能与其他史籍记载有差异。本次整理照录原文，不做考证。

许穆、陈惠度、牛文侯、于草、陈宝炽、李顺兴、侯楷、张法乐、双袭祖、王轨、陈道冲、潘师正、张氲、汪华、吴筠、薛季昌、翟法言、谭峭、陈抟、刘无名、李含光、许栖岩、应夷节、金可记、熊德融、王燥、叶藏质、鄬去奢、聂绍元、许仲元、陈景元、章訔、邢和璞、刘元道、边洞元、马自然、龚元正。

有老氏羽翼者：乐臣公、盖公、曹参、桓净、严尊、阚泽、向长、高恢、江真阳、王孙廖扶、胡宿、未桃推、吴隐之、裴桓、裴万、杜生五郎、徐则、丘讷、翟庄、朱织、阮籍、王弼、王衍、向秀、庾恺、谢鲲、王羲之、殷仲堪、阮修、周彦伦、宗泽、沈道虔、顾欢、杜京产、吴荀、仲长子光、王绩、孙思邈、卢鸿、秦系、陆希声、李约、李德裕、白居易、张荐明、苏澄隐、张无梦、田锡、陈欢、欧阳修、罗从彦、杨时、吕希哲、苏轼、苏辙、陆农师、唐庚、秦观、晁廻、晁说之、谢逸、邵伯温、翟乾祐、郑侠、叶梦得、董师静、邹若愚、江袤、程土昌、郑伯熊、孔牧、杜光庭。

宗要语警世者：涓子、长孙公子、鹤鸣真人、王屋卜者、孙登、王褒、苏林、岳须林、裴、厷仁、张如珍、左元泽、张得一、鸣鹄洞真、章震、和君实、轩辕集、毕宁、王夐、杨义、许迈玉斧、陶弘景、王远知、李凝阳、薛道光、陈泥丸、酒阁道人。

宗觉言度缘者：钟离权、苏耽、马季玉、吕纯阳、杜昺、王重阳、张紫阳、施观吾、蓝养素、王栖云、抱一子、全元起、晁文元、金司箓、张继先、石杏林、俞玉吾、敬玄子、徐从事、赵升、郭象、伍冲虚、陈上阳。

宗道德五千言者：后赵佛图澄。

宗明理国之道者：晋羊祐、杜预。

宗道明理身之道者：魏松林山人、梁陶弘景、齐顾欢。

宗明事物之道者：符素鸠摩罗什、僧肇梁、道宝略。

宗明重玄之道者：晋孙登，梁道士孟智周、臧玄静，陈道士诸粲，隋道士刘进善，唐道士成玄英、蔡子晃、黄玄靖、李荣、车玄弼、张惠超、黎元兴。

宗明虚极无为之道者：魏何晏、钟会，晋王弼。

宗虚玄为宗者：汉严遵、管辂、徐子平。

宗无为为宗者：晋张嗣，唐卢氏、刘仁会。

宗道德为宗者：张玄静、杜光庭。

宗非有非无者：梁武帝是也。

修持之道，虽不越此，入门之阶航不一，殊途而同归矣。道君昔告轩辕曰：无劳尔形，无摇尔精。后语孔子曰：去子骄气与多欲，态色与淫志，是矣。苏轼曰：储祥碑云，老子之道合于《易》，何思何虑《论语》仁智静寿之说。曾题弟辙解云：使汉初有此书，则孔子为一，使晋室有此书，则佛老不二。李约曰：世传《道德》一书为神仙虚无言，又诋太史先黄老而后六经，以此观之，六经乃黄老之枝叶尔。更有避世修真者，周祖契，皋陶，秦祖伯益，万王蘷，齐祖姜尚父，秦巴陵侯姜茂叔，晋卿介子推，越大夫范蠡，蜀郡守李冰，秦三将军唐建威、李德芰，汝南太守韩崇，汉留侯张良，太常卿方储，侍诏常侍郎东方朔，南昌尉梅福，晋关内侯葛洪，南海太守鲍靓，西安令吴猛，旌阳令许逊，真令徐宁，部从事黄敬，唐鄂国公尉迟恭，周国公武攸绪，邺侯李泌，相国贾耽公，釜阳令崔珏，阳翟令薛尊师，陵郡尉薛幽栖，供奉李月，待诏张志和，长安令杨泰明，进士施肩吾，南汉尚书仆射黄射，湘子叔韩愈，后蜀祠部员外郎彭晓本姓程，宋进士刘希岳，夹江县尉羊愔，明进士冷如水，此历代文武衣冠也。今值改革之期，旁门借兹生衅，邪说流行，此固凡夫少识，而俗人多得之互相授受，至死不悟，往往瓒其术中，败坏大道名誉，真可叹也。兹阅正阳《破迷正道歌》①，纯阳《叙爻歌》《直指大丹歌》，海蟾《至真歌》《还丹破迷歌》，阴长生《龙虎歌》，严若平《铅汞歌》，吴真君《大丹歌》，许真君《醉思仙歌》，马自然《金石诰》《还丹诀》，蓝采和《踏踏歌》，浑成《四象歌》，李八百《金丹赋》，葛孝先《流珠歌》，伯阳《参同契》，谭景升《化书》，紫阳《悟真篇》《石桥歌》，观诸真秘言，足破旁邪径，可为觉路，以示吾辈，诚吾道之长城也。

---

① "道歌"，原文为"歌道"，兹据他本改。

别传类

丹成恩师传

师讳圆成，字丹成，浠水南区七里冲盛氏。曾祖某，祖某，父金富，世力田，有隐德，母裴孺人，贞静慈惠，安淡泊，乐善施。师幼颖悟，资性绝人，因家贫未学，佣工以事亲。十六岁丧父，二十一岁丧母，哀毁尽礼。越三年，长兄玉泰客死浙江宁国十二都，师闻耗奔赴宁国，治兄丧。因资斧匮乏，遂即地佣工，年余得资，服兄骸而归葬故里，时光绪戊戌岁也。师见家道零落，遂披缁入山。旋云游普陀、劳山诸名胜，遇异人授以返日移山之法，师炼之，虽证应在握，然终觉与大道未合。后遇静虚徐祖以性理之学阐化，遂往事焉。徐祖一见，知师为道器，乃极意锻炼之。每与诸弟子讲《道德》，师至，辄闭户不纳，或以厉声色加之，师去，谈论如初，殆如重阳之磨炼长春邱祖也。甚至以生死有关之事，命工之，师奉命惟谨，毋敢怠忽。如是者数年，而师诚笃之志未尝少懈。徐见祖师心性纯定，遂授以先天大道诀。师受之，绝尘俗，独居羊角尖岩穴中，饥餐野菜，渴饮清泉，刻苦自励，炼心育性。复得黄真人梦里传真，玄妙莫测。黄真人者，明末芜湖县令，清初隐君子正色先生也。久之，大道了证，遂度世化人，宰官居士，农夫樵叟，问道者不绝。师皆教以诚意正心，尽人天为正宗。随缘度日，遇事反观为下手，万缘应过不迷为征验，是以江汉沪浙诸华贵者见之，无不转迷为觉也。其他诛妖逐祟，起死回生，漏船达岸，转危为安诸事，凡师足迹所至者，多所见焉。

师以光绪乙亥年正月初八日生，于民国壬申年八月二十四日归真。从游道众，哀痛如丧考妣，有邑名士瞿炅志其墓。师遗有《觉世语录》，刊行以公诸世，后学津梁，殆将于是乎在。赞曰：

天得一以清，地得一以宁，人得一以圣，然人之所以不能超凡入圣者，为不得一也。今吾师一尘不染，高出凡流，其登圣域，洵有征矣。鸣呼！纯一不已，盖吾师之所以为师也。

民国二十二年癸酉嘉平月　日

皈依弟子郭明吾抚平敬撰

盛仙师传

师讳成，字丹成，俗姓盛，浠川南区七里冲人。其上世多隐德，父讳金富，安贫力穑，人称长者。母裴孺人，贞静慈惠，乐善好施，夜梦金松入怀，觉而有娠，遂生师。师幼颖悟，至性过人，因家贫失学，佣工事亲，克尽孝养。十六岁丧父，二十一岁丧母，哀毁尽礼。越三年，长兄玉泰客死江宁，师闻耗，星奔赴治丧。因乏资斧，遂即该地佣工年余，积资负兄遗骸归葬祖茔，时光绪戊戌事也。

先是师悼怙恃迭丧，世事已灰。迨归自江宁，益悟生死大事，矢志入山。旋游普陀、劳山诸名胜，遇异人授以移山倒海，有奇验，然终觉道不在是。闻徐静虚以性理学启迪后辈，往事焉。徐师一见，知师为道器，极意折辱，一如王重阳之于邱祖。师事益谨，凡徐所嘱，毋敢怠，如是者数年。徐见师性坚定，授以先天奥旨。

师大澈悟，遂绝尘俗，隐居羊角尖岩穴中。羊角尖者，浠川之名山也，苍翠挺特，介居两蕲英邑之间。师自入山，饥餐野菜，渴饮清泉，刻苦自励，卒以精诚，顿悟上乘。尝曰：预知过去未来，乃降魔却病，都是外道。所谓正法眼藏者，正心诚意之外无余蕴，惟知探奇索隐，而忽于伦常日用，悖矣。又曰：畜道多贪，鬼道多奸，魔道多斗，轮回在心，升沉由已。其他如所云枪毙者飞禽、刀亡者走兽，俱皆言简理当，闻者悚然，语多类是。

民国初立，师闵世变，乘间下山，多往来于两蕲间，从游者无纶绅商学兵，及农夫牧竖，咸咸规之以正。其余门徒，尤不惜苦口婆心，务欲使其洞达尽人合天应物不迷之旨而后已。其尤难者，先后倡作大普渡十数，收捡①浠川残骸千数，倡施棺板万数，以及修筑巴道要道南溪渡桥，浠川东门外木桥，建白骨庙白骨塔于蕲春城外，监修仁泽祠于张家塝。累累善举，用费甚巨，师皆化自众姓，而不染纤毫。尝游武汉，有显者见师破衲蓝缕，心薄之。师屏人指其隐咎，显者汗骇，愿求解脱，师不顾而去。早岁于文字不深，自了悟后，人或征其奥义，对答如流，所作歌词，多清真

---

① 　底本为"检"，据其意而改。

可喜。性慈惠，能知医理，善治疗疮。尝自言能制七十二种炉火眼药膏药，供人需求，无不药到病除。

师貌清瘦，望之俨然可畏，其实蔼然可亲。其山居则终日端坐，不异泥塑。下山时，箪瓢、短锄、蒲团之外，无他物。救人之急，虽百里之遥，半日可至。有识者谓其目虽昏而光自远，衣虽敝而臭味不作，良不诬也。师羽化于民国壬申八月。前一月招集门徒，分谕后事，诵《皇经》百卷，自言修斋归真。前一夕，有某生见其头①放金光，如秋水出匣，闪灼惊人。至期端坐，神志清明，异香满室，异矣。师生平不喜谈休，人有问其诛妖逐祟、起死回生及漏船达岸、转危为安等事，笑而不答。仙化数月，浠川名宿瞿灵为师志墓，门人何可人、谢子良、汪仲阳、苏钟贞均有表文。天生异人，乘时显化，不独英灵在帝左右，而屹屹丰碑、冉冉遗蜕，亦当与羊角高峰千秋而共峻也。

皈依弟子汪明恼子渊敬撰

郭母胡明志孺人节孝传

孺人教遵师氏，仪式女宗，新岁献椒，大家读诫，职娴组纴，幽贞而自比纫兰，德懋珩璜，静壹而无心咏絮。当红闺之嫁日，正碧玉之芳年，以女界之淑媛，归儒林之词客。叔考必成公伴郎夜读，灯开附葶之花。与子晨兴星朗弋凫之路，宜其东方贻肉，南国采苤。鸿案眉齐，常比白鱼之目；鹿车手挽，永删黄鹄之歌矣。乃璧城公赋命不辰，延龄无术。丁年刻苦，方期志夺鸡窗；乙夜辛勤，犹冀名题雁塔。无如玉棺遽下，铁砚空磨，坐鹏日斜，梦鸡年促。孺人痛夫君之无禄，幸孤子之仅存。继彼大宗，恃兹一线。经营华表，待将异日丁归；收拾遗书，留与他年括读。礼无夜哭，誓与穴同。记永诀之悲，不尽百千万劫；称禾亡之岁，甫届二十四龄。讵知命与仇谋，人偏鬼妬。练衣甫脱，更销魂于思子之台；红泪才干，转触恨于伤心之赋。庭帏日暗，翁姑遂相继而亡；蒲柳风欺，伯叔乃欲夺以嫁。孺人则麻衣身着，当大事而拮据千般；并剪怀藏，哭故夫而誓拼一死。断肠寸寸，截发丝丝。固宜岭上梅花，得秉傲霜之节；墙边荆

---

① "其头"，底本作"头其"，兹据文意改。

树，能分接木之枝。尔乃瓣香，倚佛不待年衰。沉首皈依，顿忘节苦。受传薪于羊角，悾曰清修；慕采药于蟾宫，不牵俗累。从一无二家族，固应表扬；空四扫三玄门，亦宜纪载。

中华民国三十三年庚申九月穀旦
郭明静师门下弟子蔡至来敬撰

汪复阳公传

公讳圆中，号复阳子，俗汪姓，讳能得，号瑞庵。官名洪，晚年自磊山人。幼孤贫，母殷太孺人茹苦抚育。读书发愤，尝忘寝馈。业师邓玉成先生以大器目之。年二十，入邑庠，旋食饩。清宣统初政，例授岁进士。公为文，援笔立就，不加点窜。诗词古文，独辟蹊径，著有《磊石山人文集》，板出，纸贵一时。先是徐永虚祖以道术开化邑右三角山，专务身心性命之学，生徒甚盛。公闻风向慕，跋涉来山，师事徐祖。祖授以薪传，命与圆成盛同习玄学。未几，徐祖羽化，公与盛师朝夕过从。盛师调其体，指其妙。一日作普度，天气酷热，公过劳阳脱，盛师举手掬公头心，喃喃数语，公遂起。自是益务精进，朝夕趺坐，自云：关开销断，气聚神凝。公为人，貌修伟而言语醇厚，善气迎人，生平无二色。事母最孝，母殁终身孺慕。遇忌日，茹素，哭泣如初。自儿童时，清晨默诵三圣真经，至老不倦。教授生徒，成就者众。年六十六，忽抱病。呼儿辈分谕后事毕，高吟"好花须让别人看"之句，遂羽化，面貌如生。

公幼配陈孺人，内助贤之，乡党称之，晚年同茹素。孺人独运其劳，不以累公，以故公得以习静了道。盛师尝称孺人所行，人莫能及也。孺人羽化，春秋七十有三。生子三人，长厚崇，次子进，三子渊，均出盛师门下。进无禄，崇、渊尝恐不克继公与孺人志，兢兢是惧云。

赞曰：儒而道而后为真儒，妻为朋而后为真道，公清红两福一身兼之。而孺人不以俗牵，赞衰偕老，所谓三生石上别有前因者，非耶，将与徐祖盛师同登帝右，不谨地下修文已也。盛师时在会云，公地府文昌宫受职。

民国三十三年甲申仲秋月双十节
皈依后学浠水郭明朴飞龙敬撰

汪仲阳公传

公讳能燮，官名绥福，号履之，俗姓汪氏，道号仲阳子，又号河叟。幼聪慧，读花桃源记①，若有宿悟。事祖母周安人，以孝闻。年二十余，举茂才，旋食饩。宣统初，举孝廉方正，旋公举为圻四区团董，又为县议会副议长。饶经济，有干才，为地方排解，片言冰释，倾动一时。年五十余，慕盛师道术，尝相往来，盛师不惜指点，化险为夷，以故公信礼盛师，倍觉亲切。尝于圻城招盛师饮，盛师令其改换衣巾，谢绝公务，倡修三次普度，公力居多。公为人心平气和，晚年绝不谈时事，虽未终易道服，茹素食，而所行多与道契合。盛师尝称公等能洒脱一世，可望大成。卒以年高，不克遂愿。而动无过举，实亦在尘出尘人也。卒时春秋八十有二。

赞曰：公毕生取精用宏，是富贵中人。魁梧奇伟，是寿者相。然除酒断荤②，道之似也；天真烂熳，道之真也。观公之信盛师，与盛师之爱公，乌可拘拘然以形迹论哉。

中华民国三十三年季秋月重九月上

徒侄明恂族子渊敬撰

申师圆德传

师讳文行，字荣富，法名圆德，继密公长子。生于光绪己卯年十一月初七日亥时，羽化于民国庚辰年九月初六日酉时。生平正直，和平处世，压弃红尘，甘心淡泊，携眷寄居于金轮寺中。三建新桥，行人无病涉之恨。几番施粥，抑有鼓腹之歌。且培修庙宇，助葺佛龛，其他如施材济世，修路利行，凡兹种种，亦复多多。不忆天垂玉槸，地涌漆灯，庚辰十月十四日辰刻，请师柩安厝于金轮寺之庙后山右角，与师母师叔合冢同碑。惟愿丛林广集，道法宏开，万古千秋，永垂不朽云。

弟子姜立宝敬撰

---

① 根据文意，疑为《桃花源记》。
② "荤"，原本为"晕"，此据文意改。

贞母田母陈元君传

贞母田母陈元君，蕲春望天畈人，道号陈圆仁。幼字田必公，为吾友田一琴先生之姊母。两家皆素封，年十九，必公无禄，贞母闻耗，恸不欲生。父母以钟爱故，朝夕婉劝，勉强视息，而志不可夺①。比即解去吉服，易素服终身。楼居数载，闻翁汉卿公开八秩寿筵，雇肩舆至，吉服拜寿。然后素服，上必公墓哭奠如仪。田氏嘉其贞，以鼓乐相迎，观者太息，谈者起敬。归后仍楼居，人罕见其面，如是者四十五年。民国初政，黎总统以"白首完贞"四字题额，并旌奖完节银牌，至今赫赫，在人耳目。未几，盛师由浠游蕲，闻元君苦节，踵门求见。元君素知师，迎师下拜，师援以玄门正诀。元君朝夕静坐，未数载，能知过去未来。盛师尝称元君为生佛，每语人曰：当拜我时，一种贞烈之气朴人眉宇，予几欲跌。其见重于师，多类是。羽化时春秋七十有三，戚党咸拟建贞节坊以垂不朽云。

赞曰：必公殁，岁在清光绪甲申，元君以贞节著。今岁甲申，一琴长君公孝，又以明慧文雅修文地下。其妇汪氏，予房妹也，与公孝结缡仅三月，誓必守义，且皈依圆贞师门下。乾坤正气，六十年将再钟于田氏，异矣。而后先与羊角尖结香火缘，尤异矣。予崇拜元君，为之立传。而于房妹，更有厚望焉。

中华民国三十三年甲申季秋月重九前八日

弟子汪明恂子渊敬撰

盛圆成真人传

真人离尘十有三载，皈依弟子汪紫渊曾撰传，翔核精纯，觉无遗义。今岁龙门四修谱牒，其徒王明然、郭明朴等因复知师甚深，再三申请传其真，追缅心目中所独契、语录所未载者，别为之传。俾当世知磨炼之功，坚苦卓绝，圆通之妙，果证菩提，庶几学之者有所从事云尔。

道人姓盛氏，讳圆成，字丹澄，楚浠水籍，世居羊角桥七里冲。幼奇婺，力田不给佣工，操作无暇晷昂，藏七尺已炼□劬眷属廿余人，未十稳

---

① "夺"，底本作"奋"，兹据文意改。

丧亡强年方寸之炼何其淬也。感遭遇颠连，忽厌世，继而毅然兴出世想，
入三角山，礼拜同邑徐静虚先生。一见即别为道器，不待镂影披尘而陶镕
煅炼，若默契又若澹忘，师亦相印深。独登危岩邃洞，潜蛰习静，饷之者
或旬日不临，亦不托钵外乞。无论寒暑风雨晦冥，甚至豺貘噑于外，魅魍
啖于旁，蚊蝇虮虱聚于肤，皆所弗慑。此其炼身与心，为何如者，洎学有
所得。又惧枯寂乏生机，遍游武汉，上溯荆襄，下沿赣、皖、苏、浙，五
老、九华、西湖、南澥、天台、雁荡，飞锡所驻，宦斯邦赍斯集者竞虔奉
之。因材随时，牗导不吝，馈遗无算，倾囊布施，无告弗挈之他往。沪渎
某巨贾偶赠一杖，质美而制精，携数日，稍释手恐遗失，忽自省曰：此物
虽微，累吾身心，渐为所溥矣。顿弃之。名誉游扬，尚不足介意，矧此区
区耶！四川匡悟常道人流寓吾蕲，慧根具足，文采可观。尝偕师同观株林
市剧，粉墨登场，匡有愠容，演至奇情大节，激昂悲壮，匡且为之堕泪。
师目不斜瞬，悲愉不露于颜，斯其借幻境以炼心，惟复所独觉者。大士阁
住持家鹤龄道长，亦循师意，勤培外功，岁歉募资施粥活灾黎，南北战争
洗马畈遗骸，与师同志收瘗。师委化，岛寇逼战，祸更烈，鄂豫皖边十余
邑战骨暴露，鹤龄犹继志，命徒众聚埋殆尽，功亦伟矣。然盛师生平广结
纳俗家，皈依较夥，即优伶乞丐，亦间收之。又不常住庙宇，随寓容郐即
安。每届经醮功德，任募捐之责，不任经理之烦。斯又鹤龄所不能辞，而
师独不屑意。即其借人事以炼心，又惟复所最企者也。民国十三年以前，
善社林立，缁黄家门户见深，望之却步。师独随缘请开示，是时功行湛
密，奚待教外别传。然其色相蕃空，能破法执，已可概想。尝告复游浙之
玉山诸县，忽浇清淑灵空之气，盎然洋溢，真烺烺如玉山上行，游心于
淡，合气于漠，神且与之俱化，而万物莫能伤。询诸土人，入民国此数县
未撄兵革①之乱。曩者会于复兴寺，讲众妙之门，黑石小憩，忽立山门中
阃，一足在内一足在外，合掌向大众求参。众默然，师振然微笑曰：此正
老子所云"虚而不屈、动而愈出"也。又一时谈种种方便，樵叟问：圆可
称便，方何以能便？师即应曰：那圆的已通了，又要便做什么？复比证之
曰：惟其是方的，或不免有滞碍，所以必要便。师首肯，其神智洵非曲学

---

① "革"，底本作"草"，兹据文意改。

意识所能测。善治疗毒，患此者遇师必庆再生。历炼愈深，智慧愈拓，经论圭旨，无师自通。故其方便度人，有教无类，圆通应世，触景对机，喜说因果，机祥辄奇验。体羸多病，羽化日神明弗衰，唯惓念世难方殷，并策励徒侣修持毋懈，余无他属。

赞曰：炼精化气，炼气化神，炼神还虚，炼虚还无，此玄宗之命功也。复间尝推论炼身化心，炼心化欲，炼欲还情，炼情还真，此禅宗之性功也。盛师命功无俟阐扬，而其炼性归真，非寻常学道者能窥涯涘。惟其能炼，所以能坚，惟其能坚，所以能圆。颜子所谓如有所立卓尔，师虽未必遽臻斯谊，然默合旨归，故极勤恳。如此命非炼不立，性非炼不圆。盖能立则行住坐卧，头头是道，能圆则动静语默，滴滴归源。无之而不圆，斯即无之而不成也。彼谫识寡闻，妄谓释家修性不修命，道家修命不修性，直警言耳，乌容信诸！

中华民国三十三年甲申季秋毂旦
后学蕲春蛰园存叟陈敦复稽首敬撰

潘圆宗师叔序

世有貌虽异而心则同者，必其人真诚无伪而忘世忘形也。抑或倾心大道笃信不移，而全始全终以全真谤也。故儒者见之而若儒，道者见之而合道，即释者来而更妙相圆容如一矣。此具真诚至性，不以貌相取也。若我潘师叔圆宗，殆其人欤。

师叔少务家业，克撮有声，长悟世事无真，遂发心学道，参礼永虚徐祖为师，得受金丹妙诀。居山潜修，盖合儒而道也。后因世法变生障碍，执着者愈逢错即盘根，遂变道装而披释服，此殆应物随形，圆通作法矣。而服膺徐祖之道，至老不懈焉。师叔善心圆满，作善恒广，如饥年施粥，酷暑施茶，收捡骸骨，作板以葬，此仿文王之泽也。贫苦负疾，送药疗治，痌瘝在抱焉。至途人病涉，曾助建巨工之缘杨桥，为时两年余，精神愈力矣。其他利人小惠，三百六旬日，行者不计资，叩者无不应矣。至护释护道，屡任巨艰，虽恶浪潮中而大无畏之精神，仍优然而奋发矣。此盖真诚有素，能若此也，如此懿德，瞻仰弥殷，谨捉笔识之，对扬师叔之休，且作后来之劝尔。

同门侄郭明吾敬撰

诚祖汪云阳真人传

先生姓汪氏，讳至诚，字玉山，道号云阳。世居蕲春汪家坝之盘鹤垅。父敬业公，母王孺人，昆玉三，先生其仲行也。德配鲁孺人，生子一名诚修。家素贫，少学染工，且精拳术。身虽寒微，而端庄中正，言笑蔼然。中年看穿尘世，觉悟玄真，礼陈公义祖为师，守贞一之旨，遂至诚感格，神受正阳、阳纯①、重阳三师心法正诀，功成皇庭大道。并受神钟慧剑符咒真传，凡地方之病孤魔鬼蜮者，经先生靡不应而愈。其传授偈言，先生虽有训示，则福等忘之矣。先是先生面壁时，家中饔飧不继，先生食柏茹松，孺人丐食周旋。是先生之成大罗金仙，亦孺人内助之力也。厥后奉天承命，乃受徒开教，继承玄宗，阐化本县，及邻县之投拜者，不下千余人。惜大道人莫能知，玄虚亦难窥测，授拜旋即他拜者，颇不乏人。近年我地兵荒迭见，先生以觉世之心，为之恻悯，即苦心化导。福等咸庇其德，纠合地方人士，于倒桥建阐阳寺，九潭冲建阐阳宫及阐扬庵，诚所谓慈悲济世，方便活人者欤？福不肖，受教良多，并作偈以示福等。

偈曰：

无影树，金鸡叫，转法轮，皇庭照。开开黄河大路玄关窍，玄关下而炼丹灶。文火熏，武火燥，一点坎水盥上灶。火欲熄，水欲到，海水涌上菩提坳。黄婆来，火候啸，水火既济阴阳到。

今福等虽宫墙外望而感惠殊深，爰不揣谫陋，聊书数语，以志先生之德及修道之苦衷，且为之歌以赞云。

赞曰：

昆仑山，发来龙，羊角尖，耸奇峰，磅礴郁积，将惟属先生兮！德是崇，大道受，一贯之秘真传承，三圣之宗飞鸾开。化于在，在度民，普济体玄穹。

传徒孙理福沐首敬撰

中华民国三十三年岁宫甲申秋九月

---

① "阳纯"，疑应为"纯阳"。

赞颂类

一世祖王道纯真人偈

派首道源遍世游，广播玄风飘玉楼。

道德纯全功完日，独占三槐第一流。

志高循循登善集，明哲贤贤续世徒。

葆守五灵真不二，一阳开运步瀛洲。

皇上崇祯五年岁官壬申秋月，遍礼学人敬

四世祖危玄融真人偈

玄门独立世间希，融通道妙少人知。

危虑莫择真正果，桃源洞内脱宗迹。

皇上崇祯五年岁官壬申秋月，携筇老人敬呈

六祖刘真秘真人偈

三阳发动在荆州，单传直指挽世流。

真人授受秘奥旨，卯金名注赴丹丘。

皇上崇祯五年岁官壬申秋月，浩溟逸士敬呈

八世祖杨守诠真人赞

木本易生，东震孕形。守拴意马，牢锁疆①。诠真不二，品证上乘。遗留万古，三宝道人。

皇上崇祯五年岁官壬申秋月，隐鋆士人呈

---

① 底本"疆"后少字，今照录。

九世祖冯老真人赞

庙貌巍峨，发白如银。原郡梅邑，嘉靖时人。

癸未五月，六日诞辰。道阐长沙，单瓢市云。

无缘无分，难我宗因。云游地蜀，募化贤宾。

江氏为姓，清源派承。一脉流传，不混不倾。

先天秘旨，玉液集凝。醍醐灌醉，黄河水清。

踩炼大药，三宝坚纯。无人无我，道气常存。

延年寿考，一百三零。丹书下昭，上帝标名。

飞升金阙，尝赐羽巾。崇祯末年，三月道成。

偈曰：

百岁越外三一秋，世罕希逢这寿圆。

童颜鹤发丹基固，蓬莱海岛任邀游。

皇上崇祯五年岁官壬申秋月，遍礼学人敬呈

证道真诚歌

道道道，非常道，三界内外独高超。人人人，非常人，体在虚空一真灵。若归道，学玄妙，拜访明师指道窍。得奥妙，乐逍遥，云游四海访道高。炼汞铅，把丹烧，采药行符步云霄。南山尽，北海焦，炼成金刚把仙朝。礼金銮，谒上帝，尝赐仙衣紫绶袍。诸真喜，列祖欢，邀约同伴极乐天。无罣碍，殁牵缠，径步昆仑会群仙。蓬莱醉，海岛颠，乘鸾跨鹤宇宙喧。唱仙偈，说法言，慈航普度遍尘寰。训后学，接俊贤，成个道人不异端。

陆野道人题京都白云观

孟方丈律颂

其一入道

入道出家镇日闲，出家事比在家繁。三时课诵须诚敬，两字清规要谨严。拷鼓伐钟劳昼夜，搬柴运火耐炎寒。无功枉受十方供，加倍俗人造罪愆。

其二常住

信是丛林规矩好，至公尽善美无加。勺水共饮蓬莱苑，粒米同餐羽士家。凡圣交参谈道德，律宗并盛会烟霞。衣钵授受多贤哲，异派传灯万古赊。

其三苦行

凡住丛林念要坚，勤劳公务莫偷安。同参当以师尊敬，异姓应如骨肉看。上殿出坡休落后，积功累行可居前。十方胜会三生幸，一世能结五代缘。

其四知事

素慕白云是道乡，此间清福果非常。兴来搦管临池水，事过安神读道章。解脱身心神坦荡，步虚声唱韵悠扬。饥餐渴饮皆充腹，住久方知趣味长。

其五监院

平地风波难预料，弥天业苦属前田。任重任非复任怨，劳心劳力更劳神。中和处事惟天鉴，勤俭持家惹众论。千日功夫须忍性，方能归去作闲人。

其六补经

秘籍刊行正统间，于斯三百有余年。经因检阅多遗帖，手自誊抄补阙篇。廿载功夫全四藏，半生心力此中捐。吾今嘱付全真侣，敬谨尊藏万古传。

其七坐钵①

静坐圜中参卦象，雷复风垢识初爻。炼魂捉魄仙机奥，伏虎降龙道术高。一念纯真金可化，三心未了水难消。元之又玄窥窍妙，蓬岛壶天路岂遥。

其八云游

衣钵戒牒紧随身，海角天涯若比邻。明月清风来杖履，名山胜水遍登临。身同野鹤无拘束，迹似闲云任卷②伸。到虎烟霞共啸傲，逍遥道③方外

---

① "钵"字原缺，据他本补。

② "卷"，原文为"倦"，兹据他本改。

③ "道"字疑为衍文。

一闲人。

其九化斋

参访云游阅暑寒，栉风沐雨度关山。自知根浅逢师少，孰料囊空客路艰。红叶难温身上冷，黄粱①易饱梦中餐。托钵诵咒登门化，厨有余食结善缘。

其十演戒

退院还山十四秋，林泉怡志得优游。白云众念情难已，青鸟频来唤不休。乞米曾吟陶令句，生公复起聚石忧。自知铩羽羊公鹤，期望深惭云水俦。

丹成师遗像赞

一花五叶，火宅道延。我师崛起，撑大愿船。丕振宗风，智周万类。说理破的，禅经一指。大智若愚，大德不足。表里精莹，何净何垢。夫子之教，有教无类。阙党互乡，熏陶无弃。三角高峰，亘古岳岳。微我夫子，谁跻高躅。万年一息，尘劫蝉蜕。亿万盘风徽勿替。

弟子谢广誉明良熏沐拜题

吊申圆德师叔

昔游金轮寺，谒师未肯迟。面白貌如玉，和霭近今稀。高天胡不吊，奋师莫可羁。悠悠白云坞，茫茫流水湄。再来师不见，空余千载思。

圆中师门下弟子汪明恂拜题

赠圆昆周师叔

羊角峰高接太清，中有周氏未可轻。乔梓出苦同修行，撑持道观忘世情。清静守一无变更，龙降虎伏猿鹤惊。松坚柏茂势纵横，晨钟暮鼓步虚声。淮南鸡犬共争荣。②

圆中师门下弟子汪明恂拜赠

---

① "粱"，原文为"梁"，兹据他本改。
② 原本此句后无文字，此处照录。

圆贞汪坤师慨叹歌

叹一番心胆寒，万劫难逢这一关。师恩频点我无缘，百计千方访名山。到于今，为那般，世事纷纷孽来缠。真消息，无极圈，三家会合结因缘。好美味，玄中玄，此段玄机地做天。悟来去，泄真言，未遇明师难上难。告诸君，着意参，只求清净脱尘凡。细思想，泪不干，二六时中意未安。不返本，怎还原，人生泡影同一班。问诸君，可看穿，性命功夫那里参。无为法，快乐天，自在逍遥固本元。无穷味，法轮圆，愧我冤深恶万千。劝诸君，且耐烦，各办功程早上船。切莫学，我参禅，东跑西赶为何焉。到于今，得真传，无边变化在其间。修天道，易中难，各扫尘缘返西天，各扫尘缘返西天。

杂著类

注述《学》《庸》序

未有天地人物，先有是道。道即所以开辟混沌，生天地、生人、生万物之气也。天地既生之后，盘古按人身之本性，三皇按人身上、中、下之三关，五帝按人身金、木、水、火、土之五行，三王按人身精、气、神之三宝，孔子按人身之真人，故孔子之谓集大成。皆道气生人，自然之成，至是一终而反始。故颜、曾、思、孟、朱、程诸人，皆道之气数变化所钟，留一线之延而为后世之始者。特不知继始而终者，谁氏之子焉。愚幼入学，读"人之初性本善"一语，而即求甚解。数年而知圣贤之学非文章，遂立志齐明盛拜求天地圣贤，究天人性命之理，有感苍冥①。

讲《大学》

肯直说关窍，明言火候，借格致诚以陷火候，家国天下以陷关窍，恐

---

① 此后原缺数行。此处照录。

后世中下之资，易视《大学》轻泄天道。况国家天下，皆圣贤本诸内以为盛德大业之地，所以先王分治天下，象四肢而分四海，象九窍而分九洲。其立官也，象三宫九窍而立三公九卿，周官三百六十象三百六十骨节，象三才而立三纲，象五行而立五常，象八卦而立孝、弟、忠、信、礼、义、廉、耻。《中庸》之九经，《洪范》之九畴，皆有诸内以形诸外也。吾身有文火，以温养元气，演出礼乐，以陶淑善良。吾身有武火，以煎化阴阳，演出政刑，以驱除残暴。故《易》曰：圣人以神道设教。可知圣语一篇，修诸内为圣功，演诸外为王道。不然，圣人何谓中国犹一家、天下犹一人也？至曾子、子思、朱子、程子合圣功王道隐而不露者，即子贡曰"夫子之言性与天道不得而闻"之意。愚□□□□□□□□□□□□□□行所为格致诚正修齐平治者，皆在身内，得其真果，有家国天下之窍与。愚与同乡契友艾偕隐同参，常恐此会前后，斯道无继开，而《大学》《中庸》虽有天道人道之说，究竟下手转手之处，未曾说明□□□□□□□□□□□□□□□□□□□□□□□□□□□□□□□自知人之一身，混然一天地，由知止而下学上达，尽性致命，以至于无思无为，圣神功化之极，则斯道有传人，而生天、生地、生人、生万物之理，自亘古今为不昧也。是为序。

> 按，静虚徐老师学精三教，博约融通，曾注《学》《庸》，惜全稿遗失。幸搜故简，得睹《注述学庸》一篇。谨刊入谱牒，以存片羽吉光，然脱落数行，未敢增易者，一则游夏不能赞一词，一则存师之手泽而留其真也。阅者谅之。
>
> 　　　民国甲申年农历九月朔日　　　弟子郭思吾附识

盛真人语录序

释道二家之学，以亲承衣钵为贵。与家汉师笃信谨守风规相近，任其人极尽生平之力，苦修妙证，必得当场印合，以直透真源。故两家皆以地域自别南北二宗，其远源又皆有一花五叶七叶，相与引重，自是支分派别，各隶旌麾。苟其真积力久，亦如吾儒通儒羹墙于食息。今浠水盛丹成观主，即其人也。世多传述神通，独其弟子何君可人曰：至此非吾师之至者。乃出其语录相示，始知其先嗣本师徐静虚炼师之法，在浠水羊角尖山中通灵于故邑贤黄美中先生。先生以晚明遗臣，鼎革后与剑珠龙隐诸畸人研习大法。其先德出尘道人矻矻丹经内典，寿九十化去。其流传之行住坐卧四诗，语语挟烟霞风骨。美中自庭训间得乃翁心印，又值国家沦亡，返虚叩寂，卒诣超举。观主以里门后进灵应感通，上符管子鬼神来告之极诣，遂得隶归法乳之列。今绎语录词旨，与出尘四诗沆瀣一气。而生平经历，穷古所无之晦盲否塞，先洞澈其惨祸，间示微言，所遭与黄氏父子之时世，相去直不可道里计。故语录中以苦心吐苦语接引万众，挽出三涂脱焦，原以入清凉笔舌，如此其灵警也，謦欬声闻远澈阿皋叫唤坑中，何其悲悯而悱恻也。身后有弟子十二人，如江左真君之数。可人不以师之异视，昕夕服庸绪论梦寐中如接生平，宛然本师之于畏合堂也。甲戌秋九月过我，谓欲再版其书，用觉迷途，乞余一言弁其端。余览之，深用赞叹，特为引伸其源渊，以诏当世之雏诵此编者。

同郡王葆心敬撰

杜田皈依事略

杜田者，姓田氏，蕲之世家也。考讳兆江，清末以经古文辞入试齐安，受知梁修撰，为尝时名人。母宋氏。杜田才异于众人，尝于金陵见之。时杜田方二十余岁，人相钦重，其游于皖鄂吴越之闲，名曰田适。后以世变，其父遇害，徙居避难，乃谓之杜田。尝有句云：关东尽徙齐田族，魏国难为范叔家。诗杜蕴藉有趣。史称汉高徙关东大族，田何以旧齐田氏见徙，居杜陵，杜田之名，当此本也。杜田好读书，工于诗文，深得汉魏各家之奥。工小草，不作楷书，尝曰：简扎之事，不足为也。其为人可慨焉。杜田之子曰公孝，神采秀澈，年十二入小学，十四入启明中学，十七入鄂东分校，二十入安徽高中。与游吴楚间，声名相为引重，为文疏荡有气，多得三苏史论之力，言古今人物形势制度建都之事，人为绝倒。其在高中，尤长英文、数学。今年甲申三月，公孝忽病，由安徽舁归，六日而卒，年二十一岁。时杜田年四十三矣，流涕长潜①，已无人色，人为惊悼。杜田以其父子三世皆有名，忽遭此变，念世族已废，愁苦无穷，时

---

① "潜"，疑应为"清"。

概焉归依道家，作虚无淡泊之想。初其生平，亦尝学为黄帝老子之书，至是卒托迹于此，亦足伤也。是年八月癸酉，道家有谱载之役，而羊角尖又两蕲之名胜，名士往来其间，亦胜事也。余闻杜田与在此中，不禁慨叹。又越在数千里外，惧无人以为叙，因述其略，以纪杜田之迹。

中华民国三十三年重九前五日

中央大学文学系教授中表黄焯耀先氏敬撰

说张明机同道

事有儒者为而称扬、村夫为之而莫名者，盖日用伦常之间耳。故孝友至情，多出自愚夫焉。若道友张明机，一铁匠耳。其爱弟明妙，李弟也，生得蹒跚废疾，且茹素慕道。明机视弟疾如身病，履为弟谋居修场，经营不遗余力。终以毕生工资，开拓八卦洞于斗方西岩，盖为弟谋永世之安乐窝耳。而以八卦名者，亦冀其八卦洪炉炼丹之意耳。不幸令弟逝世，遂自作修道之场，抑不宗拜于外籍。吁！友爱□□成，故历艰难而尤笃，虽说诗书之士，有不及矣。笑若修道之诚能如此，必有厚望焉，勉之毋忽。

甲申秋九月　　抱一子郭明吾敬撰

龙门正宗同真教谱卷首下

山居记

尝见名山胜境，多属仙佛栖神之场，远别尘嚣，清高独异，故游览之士一至而俗虑潜消，顿化为清凉乐国矣。夫山者，仁人所乐，静而寿也。道侣奉祀香火，居山静养，其乐当不灭于孔子之曲肱，颜子之陋巷矣。虽不得及时证圣成真，而清闲之福，惟山居者独能受之。非过分耳，抑其宜焉，他人不得遥望而领之矣。本编登载各山庙宇，以"山居记"名者，盖望居山修真之士，常清静如山岳矣。虽纪之，实抑勉之云耳。

甲申年秋九月初二日　郭抱一识

教真郭祖门下法嗣自建香火堂列后

一、浠水羊角尖清虚宫，系本支永义汪祖、圆成盛师及同玄各师捐资建造。以后永归本支玄裔承祀香火，并得管绍。本宫一切产业，其有业界，开列于次，俾得随时清查耳。

本宫山场，上抵宫后顶，下抵本宫大田横路，左抵细庙右首山埂直上，右抵本宫田堰水沟直上。

又本宫下细庙一洞，定名曰清虚精舍。左边山田一所，其界上抵小横路，下抵顾姓田，左抵顾姓山，右抵小谷沟，并顾姓山。又文纽湾荒田一所，四界俱抵山。又黄泥塝荒田大小一十三丘，四界抵山，共计籽粒六石二斗。又土地庙上首山一所，上抵大脑，下抵横路，左抵小沟，又抵本宫山。又独田上首山一所，上抵大脑，下齐横路，左右俱齐分水。又屋基竹林并山一面，上齐横路，下齐高砍，左右俱齐分水。又本宫脚田一所，丘段数十，其界上下左右俱齐山。又小庙地基，系顾芹香捐施，上齐小山脑，下齐人行路，左齐水沟，右齐本宫山，俱有契据。

一、清虚宫先年买得羊角尖天上田一所，计籽粒七石，基界俱齐陈姓山，有据。

一、羊角尖石头林顶，王明然自建桃源洞，四界俱齐顾姓山，有据。

一、三角山龙洞寺上首，王明然自建茅庵一座，余基山界上齐山顶，下齐寨城脚，西齐龙洞寺分水岭，东抵老龙洞外合水沟，为有界据。

一、铸钱冲龙虎斗观音庵一座，大小八间，随庵土载石器稻场菜园余基，其界前齐陈姓田，后齐山脚，右齐枫树，直上直下窖石为界，左齐本庵己田为界。又本庵对面松山一所，前抵龙虎上人行路，右至下河心，上抵山顶谢姓山，下抵人行路为界，山内有许姓坟一冢，左右窖石为记。上界有石，下齐人行路，许姓有坟无山。庵对山抵大石外水沟为界，系萧松名下。又栗树湾山，一面上抵虾蟆石人行路，下抵徐祖祀田，左抵荒田直上下，右手上抵许姓山分水，下抵许姓山分水外窖石及坟下本庵己田为界。又竹园岸上秧田一丘，河沟上首山田一畈，上抵陈姓田，下齐木梓树，左齐河沟，右齐竹园河沟为界，以作永远祀产，不得荡废。又长田一丘，竹园河沟上田一垅，计亩一石二斗，不计丘数，大共约二石四斗，俱明松等连业。

一、徐祖祀田坐落龙虎斗栗树湾上下，共田一石二斗，大小不计丘数，其田东抵陈人田曲转为界，西抵河心。又观音庵上山一面，下①齐山顶谢姓山，下齐陈姓田，东抵陈人山，西抵水沟为界。又栗树湾山一面，上齐虾蟆石人行道，下齐河心为界。

一、浠水斗方山西岩，张明机自建八卦洞，因山石开拓，系己资所造，未募外缘，永为本支管领。

一、白石井放鹤山房，系汪明善所建，庙后坪抵高岸，左右各抵中心杉树为界，庙前右角花地七块，庙前东山一面，上齐山顶分水，下界周正乃花地头杉树直上为界。又四方塘左边花地三块，又陈少安兄弟等公捐杉

_____

① "下"，疑应为"上"。

树湾花地二块，本湾小塘外第三丘田一丘，佃米二斗。又周佑捐佃田一石正。

一、胡家河莲三塘纯阳阁，系瞿明先师徒捐资朋建，瞿至斌捐连三塘西首山场余基空坪窨石为界，均系四股之一。　又对面黄泥塝山一面，又花地一厢，又浣子塘圳口外田接连三丘，佃米五斗，稞一石五斗，官米四载。有据。

一、永乐里惟善宫，系夏至诚募建。至诚曾捐己田三丘，计籽粒十二石，又捐弓旗山窝田一丘，籽粒二石，共计稞七石，永为本宫供养。有据。

一、高家社灵山观，系高至民募建。有高崇本堂捐田一丘，籽粒二石，计稞一石，至民自捐田一丘，籽粒五石五斗，计稞二石三臿，永远为业。有据。

一、蕲春张家塝仁泽祠，系徐永祖虚位下法嗣朋建。其基址上抵梅姓人行路，下抵河边田，左抵人行路分水埂直下，右齐田沟为界。本祠另有产业，为徐、盛二师祭奠之资，并本祠香火之用，永远勿替。

一、赵家山郭家垅上顶太极观，系王明然、郭明静、陈明根及汪明玄等捐资朋建。庙界上抵山脚，前抵枧沟，左抵坟墩，右抵岸为界。又石头林栗山一面。有据。

一、合盘冲慈云庵，系永虚徐祖门下坤徒郭节妇夏圆西显应后，由门下郭明妙、节妇胡明志募建，其庵产业另据。民国二十七年明妙交付郭明静永远主持，重建庙宇宏大，并后置产业皆由明静经理买进，亦有契据。

一、上车门冲清静庵，系朱至修、至华于辛巳年募建。修买得朱砺之田山一所，计稞二石。其界上齐大岗顶，下齐田岸脚，横过抵左右分水，左右俱抵分水为界，庵在界内。又修名下所捐秀才湾田稞三石，又陈至贞所捐土名五斗垅上截田，稞三石，永为是庵供养。又定承公支下捐稞二石。有据。

承住檀越香火堂列后

按檀越功德主所建庵观，供奉仙佛，殆圣人神道设教之至意，抑纪念仙佛道化之隆功。捐诸十方，听道流有德行者住持，福田永□，慧业常开。为住持者，内常自励清修，学仙学佛，外当增修培补，振作玄风，自能者香火永承，转遗法嗣无穷矣。而檀越之功，亦永纪勿替焉。谨录客庙诸山，以为吾门道侣互相眷顾焉。

一、羊角尖太清观，虽属三山香火，而庙宇向系狭陋。近于民国辛未年，由吾道内人等重建，始得庙貌巍峨，石室宏廓。其有山场在观前左右，外有佃稞，计小戽一十六石五斗，由本观住持管理。

一、陈家庵虽陈姓香火，向系颓垣，始由徐永虚祖修葺。近于民国甲戌年秋，徐祖位下法嗣集资重建经理，得有现在之洪厂。本祀产田在庵前左右一所，四界俱抵山脚，其山场四围俱齐山岭分水为界。吾门法嗣，当竭力振兴，是庵玄裔，永继勿替。

一、天云峰武圣宫，潘圆宗住持整理兴起，后裔宜慎守加勉。

一、白羊河广福庵，现系陈明智住持，法众日盛。

一、白羊庙，由明智法子住持，尚希勉力宏教。

一、四字坪仙姑庙，现系范至一住持。

一、白石井洛伽山仙姑庙，系周至义住持。

一、黄石岩大士阁，系黄明德、张至清住持。

一、铁山图月山庙，系陈明启住持。

一、灵山寺，系郭圆仪元君藏真之所。

一、云雾山，系黄明启住持。

一、青山口庙，系李明清住持。

一、回龙寺，由龚至荣住持，已捐田一亩三分二厘，又山一面，花地二块，四界有据。

一、石峡寺，郭明福住持。

一、河东街东岳庙，系戴明喜住持。

一、大王庵，王明德住持。

一、仙马寨天佛宫，现系周明馨住持。

一、金轮寺，向由申圆德住持，重行修葺，庙宇焕新。现由其徒周明馨、郭明性等接住。

一、滥石河济佛寺，周圆亨住持。

一、定峰山大士阁，赵明垣住持，新建前重添置常住法器。

一、雷坛庙左厢三间，其材料全系教真郭祖庙之材料，由郭明初迁建，是以郭祖神主供奉是庙。

一、蕲春杨家山永兴庵，久系郭明静民国三十三依于余明星住持修行，可仰振起法门，感化信徒甚众，庙宇毁坏，俟后重建，凡有家具器皿，一律重新。

一、石人寨，郭明静经管，民国三十三年主持重新整理庙宇神像，并庙具器皿一切。

一、滴水岩延寿庵，陈明根住持，曾经修庙宇神像一新。

一、三叠乡源泉庵，王明然住持，曾经修理庙宇。

一、文家山文昌阁，周至和住持。

一、汪家坝下庵，袁圆魁住持。

一、田六湾回龙庵，田丙南住持。

捐约契据①

立捐产约人夏至诚。今因惟善宫香灯资薄，情愿将先年所置己业，坐落顿足塘岸下第二丘接连三丘，共计籽粒十二石，计稞六石，其田界上抵凉亭，下抵弓旗山社，左抵廖家冲，右抵文峰阁。又弓旗山窝头田一丘，籽粒二石，计稞一石，其界上抵沙丘，下抵边鱼七石，左抵格罗丘，右抵弓旗山社，官民正米八升正，其田水路俱照旧例。又蒙正湾外塝花地接连四厢，各界分明。凭中立约，捐与惟善宫中，永远为业。自捐之后，田地俱听惟善宫住持比即过手管业，捐主无得异说，但住持法裔日后不得荡废。恐口无凭，立此捐约为据。

夏至诚押

	陈明智	曾至仁
	高至民	范至华
凭中	杨至清	夏天永
	王明德	陈明根
	郭抚平	郭飞龙

---

① 此标题系整理者加。

民国三十三年农历四月初三日　　亲笔　　立

立施田约人高崇本堂元章、元禧、德钟、德滋叔侄等。今因灵山观香灯资薄，情愿将杨家冲中塘岸下第二丘田一丘，籽粒二石，计稞一石，承载官米四升，田系中塘泥水救应。凭中立约，捐与灵山观中，永远为业。自施之后，田听灵山观住持比即过手耕种，推米当差管业，捐主不得转生觊觎，住持不得荡废。恐口无凭，立此捐田约为据。

　　　施主高元章、元禧，同侄德钟、德滋押
　　　　　余福成
　　凭中　　曙成
　　　　高宗明
民国二十九年正月二十二日　　亲笔

立施田约人高至民。今因灵山观香灯无资，情愿将己名下业上河大丘田一丘，籽粒五石五斗，计稞二石三斝，载官民正米一斗一升正，田界上抵祭田，下抵大丘田，左抵人行道，右抵河岸为界，田系胡家塘泥水救应。凭中立约，施与灵山观中，永远为业。自施之后，田听观中住持过手管业，不得荡废，施者无得异说。恐口无凭，立此施约为据。

　　　　　高至民押
　　　　陈明智
　　凭中　曾至元
　　　　夏至诚
民国二十九年三月二十日　　亲押　　立

立捐地基约人胡集轩、胡仰之、胡卓香、有璋、康丹墀，同佃人汪子成、庆臣、咏麟等。今将共管郭家坳上垅塘后平地一块，其界上抵山脚，前抵横沟，左抵坟墩，右齐岸周围，俱以界石为界。凭近邻说明，出捐与王明德名下修造庙宇居住。对于地主，住持人愿修供木主一座，以表不忘。自捐出后，我等无得异说，听从道人建造。恐口无凭，立此捐约，永远为据。

	王广材	汪伯青
	汪至和	吴肖贤
凭近邻	田少卿	胡介泉
	胡静安	胡静轩
	王尚书	汪敬仪
	有璋	
	卓香	
	仰之	

　　捐主　　　胡集轩　　　　押
　　　　　　　康丹墀
　　　　　　　汪子成
　　　　　　　庆臣
　　　　　　　咏麟

民国三十年七月二十七日　　　公推胡如存代笔

　　立捐约人汪云义、云友、紫臣、咏林、庆臣等。今将土名郭家垅上垅紫臣、咏林、庆臣三人所捐庙基一座，情愿捐与王莘阳名下管业，听从建修庙宇，供奉神像，祀奉香火，听从建修，无论多少，捐主无得异说。庙宇成工之后，供奉主祖先牌位一座。云友名下山地一块，云义名下坪地一块，共同捐出，后无反悔。恐口无凭，立此捐约为据。

捐主同押

　　　　　　　国成
　　　　　　　国柱
　　凭中　　汪月江
　　　　　　张修贞
　　　　　　汪恒志

民国三十年正月二十五日　　　公举汪紫臣依口代笔

　　立杜卖契约人顾云升，同胞侄汉明叔侄等。今因用度少凑，情愿将先年承分祖业土名石头林山顶坐东向西栗山一面，其界上抵山脑，下抵石籍，左抵顾宜祖分水暂石为界，右抵顾玉堂汉明二人山直下分水为界，其有界内各色树木一并在内，四界踩明，凭中出卖与盛圆成门下弟子王明德名下为业。比得时值价钱一十八串文正，当日入手领足。自卖之后，听从买主开辟建筑，卖主无得生端异说。恐口无凭，立此卖约为据。

顾云升亲押

　　　　　顾善容

凭中　　　顾海堂　兆祥

　　　　　周德纯

民国二十七年戊寅六月二十六日　　　顾栋成代笔

　　立捐约人郭承富祖支下首人郭汝成、雨春、焕章、志宽、国修、焕成等。今将凤凰山中紫下段山一块，其界上齐坟禁脚，下齐信之地，左右俱齐信之地为界，凭户中踩明，均愿出捐与慈云老母建修庙宇。自捐之后，听从该庙承修，登山开挖。支下子孙，毫无异说。恐口无凭，立此捐约为据。

　　　　　　　　　定宽　　信之

　　　　　　　　　焱发　　明月

　　凭户众　　郭春荣　向云

　　　　　　　　　声清　　焕如

　　戚　　　张彤轩

　　　　　　　　　志宽

　　　　　　　　　焕章

承富祖支下首人　　郭汝成　　押

　　　　　　　　　雨春

　　　　　　　　　焕成

　　　　　　　　　国修

民国七年八月初三日　　　公债理安代笔

立捐约人郭信之父子启瑞等。凤凰山脚下左边，松山右边，松山及本宠松地，凭户众说明，出捐与慈容老母建造庙宇一座，但该庙基除建庙滴水五尺外，仍属启瑞栽种管蓄为界。自捐之后，听从该庙承修人刻日兴工起造，无得异说，启日后永作该庙。捐主泐石垂久。恐口无凭，立此捐约为据。

治兴

凭户中　　郭向荣　　焕如

　　　　　侄婿　　张彤轩

民国七年八月初七日　　命侄粹夫代笔

立杜卖田契人尹连保。今因用度少凑，情愿托中将先年祖置土名西冲垅下垅破塘岸下水田一丘，计亩□升，纳稞一石五斗，其界上齐卖主田，下齐尹玉章田，左右俱齐卖主田，水路系破塘泥水救荫，其有养鱼照稞均摊。凭中四界踩明，立契杜卖与郭明静名下耕种为业，比得时价大洋五十五元，当日入手领足，不用全收领约，其田民米二升二合，在崇五七甲尹顺和柱内，推入本图本甲慈云庵柱印契完衲，其有包头代笔一并在内，其地一块照稞均分。自杜卖后，无得异说。恐口无凭，立此杜卖契，永远为据。

　　　　　玉章　　来修

　　　　　青林　　德安

凭中　　尹焱青　　有方

　　　　　郭育廷　　陈汉昌

　　　　　　　　尹连保亲押

民国三十年元月二十九日　　面托郭子川代笔

立捐约人陈又含、海涛、金陶、正德等。情因我家有观音菩萨三尊，向在祖堂安座。因与祖先座位不便，我等公议，心愿将老母请送郭府慈云庵已受香烟，道人郭德全心愿受接敬重。双方情愿，我等面订，每年捐稞四石，每人一石，不得短少毫分。如有翻悔，被神鉴察。恐口无凭，立此捐约为据。

    叶永廷   余祖汉

凭 范玉绳   陈质家

   陈锦云

   又含   金陶

   海涛   正德 同押

民国三十三年三月二十六日 海涛依口代笔

  立捐山地约人袁水成。情愿将祖置凤凰山慈云庵背后坐西朝东山地一块，其界上齐山顶，下齐庙地脚，左齐郭承富祖山地，右齐慈云庵山地为界，凭人四界踩明，立约出捐与慈云庵住持道纳郭明静栽蓄管业，无得翻悔异言。今欲有凭，立此捐约，永远为据。

   袁正坤

凭 余有春

   郭幼廷

   兆廷

      水成亲押

民国三十一年五月二十九日面托 郭学宗代笔

  立杜卖山地契人袁正坤父子等。情愿将先年祖置凤凰山慈云庵庙背后坐西朝东山地一块，其界上齐山顶，下齐水成捐与慈云庵地，左齐郭承富祖地，右有慈云庵己名地为界。凭中说明，立契杜卖与慈云庵住持道纳郭明静栽蓄管业，比得价洋三十元正，当日领讫，外不立领。其山地顶上有樟树一株在内。自杜卖之后，无得异言。今欲有凭，立此杜卖契，永远为据。

   郭子传

   余有春

凭中 袁水成

   郭幼廷

      正坤亲押

中华民国三十一年六月初一日面托 郭学宗代笔

立捐山地约人郭阿程氏，同媳黄氏、孙盛求等。今因晓升出外，常发愿心，佑我儿每年强壮力健，情愿将祖遗所管山地名土，慈云庵下手坐南朝北山地一块，其界上齐山脊分水，下齐庙脚，左齐袁人地，右齐本庙地为界，凭人说明立约，出捐与慈云庵住持郭德全名下栽蓄为业，永远无翻悔。今欲有凭，立此捐约，永远为据。

育廷

凭　　郭有常

子川

贵堂

吴承栋

黄氏同子盛求亲押

民国三十年七月二十九日面托　　　郭学宗代笔

立杜卖契人郭溉泉父子等。今因掇业少凑，情愿将先年买得螺蛳皱佃业一所，门首左湾并正垅上下左右塝田，共计佃米五石二斗，载官民正米七斗二升八合，佃屋后山上齐分水，下抵屋后沟，左抵方人山并花地外小田数丘在内，右抵白虎紫外程人坟，山分水埂直下抵屋后葬有陈人坟一冢，上下左右穿心四丈。又本屋左右紫坟俱系有坟无山，本屋对面猪婆岩山上齐分水，下抵契内田，左抵陈人山并祖姓山，右抵蕲州陈人山为界，其屋内门梁户扇，界内各色大小树木、鱼塘、花地、竹菜、茶园、稻场、石碾、余基、空坪、土载、石器一并在内，毫无摘存。又将先年买得陈南陔徐家畈下截水田大小二丘，计亩二石二斗，官民正米二斗八升，其界上抵陈右文田，下抵陈竹波并雁宾田，左抵陈小斋并陈宝廷田，右抵陈姓田岸脚为界，界界分明，其田水路俱系徐家畈大堰水灌济，两处共计佃米七石四斗。凭中立契，杜卖与盛丹成名下为业，比得时值田价、业价洋二百二十元正，当日入手领讫。自卖之后，产业听买主比即过手招佃耕种推米印契管业，卖主永无异说。恐口无凭，立此杜卖契为据。

溉泉父子同押

	郭硕儒	陈竹波
	郭幼德	郭筱亭
凭中	徐竹君	陈南陔
	黄金龙	查春有
	陈义廉	祖茂兴
	陈庆安	郭抚平

民国二十九年庚辰老历五月二十日立　　立郭溉泉亲笔

观音庵住持萧明松三人寿藏记

　　三角山麓旁西数里许，有观音庵之住持三坤道，皆沔阳县人。一萧姓，道名明松，太阳脑马家台人氏，生于光绪庚辰年十月二十日未时，自幼不食荤，字李姓，未嫁夫亡，遂守贞学道。父廉章，母王氏。伯廉方，清举人，故兄华堂亦清举。侄二：良才、良弼，均清庠生。一周姓，道名明柏，张家沟三义河人，生于同治癸酉年十一月二十三日申时，父朝立，母唐氏，配夫清庠生邱玉森，子怀莹，孙继儿，子孙俱在，而周罕有世外之想。年三十，始茹素，随明松出家。一黄姓，道名明菊，麻城院熊家台人，生于光绪辛卯年八月十五日午时，父开元，母廖氏，兄传保。配夫李明源，生子殇，遂茹素，亦随萧周二人出家。之三人者，其居同乡，食同素，出虚同志，作事又同心性，同礼汪圆贞一师为徒，同住一庵，今迄数十年来，毫①无变志，且又立誓立愿，异日归空，同葬一冢。噫！亦奇矣哉！以三人清节精诚，始终如一，乃宿根深固，可为道气长存之券也。今在本庵之左自营寿藏，作子山午向，业告成功。西闻其事，遂援笔述其由于碣之阴，以待之知者云。

蕲春庠生陈振西铭溪氏谨志

民国二十九年庚辰十月吉日

---

　　①　"毫"，原文为"豪"，兹据文意改。

乐施约①

立乐施药程氏宗浩祖位下老四房程玉庭、双云、应田、玉彬、续三、水龙、霞山、波扬、忠球等。今因祖所有之羊角尖山一所，先年三山人建造太上宫石庙一间，接年修建。前重因日久风霜剥削，栋梁槽杇，几致倒塌湮殁，三山经理人等无力修整。道衲不忍坐视，屡致重修，无奈基址权限在人，道衲是以募化老庙基址。山主程氏宗浩祖位下经管人等，会同商议程氏经管，见道衲素属苦行纯修，均愿将该庙基址及前后左右地址，上齐庙后寨门，下齐上下水井平地当面山埂，左齐青龙岗下手戴法元坟面平厂大石在内，右齐白虎岗为界，凡属界内基址，均听该道衲②等开辟建造庙宇，供俸太山神像以及祖师神位，道衲永远居住。该道衲汪志义、盛丹成、陈志洪、胡长青、坤道汪宝贞所收徒子徒孙人等，永远居住，自便管绍，施主毫无干涉。比议慈善价钱五串文正，四房人等当日领讫。自乐施后，四房人等均无异说。口不足凭，立此乐施约为据。

	玉庭	
经管	程玉彬	
凭	霞山	四房人押
	双云	
	续三	
	波扬③	
	应田	
	水龙	
	忠球	
凭	楚三	

民国十年九月二十六日　　王玉斋依口代笔

———————————

① 此标题系整理者加。
② 本文中"道衲"，或写作"道纳"，兹统一为"道衲"。下同。
③ "扬"，原文为"杨"，兹据上下文改。

立乐施约程氏宗浩祖位下老四房人等。今因汪道衲志义、陈道衲志宏、胡道衲长青、盛道衲丹成、坤道汪真保等募化祖遗桃园李家窊废庙荒基一块，建造庙宇，祀奉神像。是以四房人等会商，见道衲均属至诚，情愿施与建造，供奉祖师神位。该道衲徒子徒孙永远居住管绍，施主毫无干涉。自乐施后，四房人等均无异说。恐口无凭，立此为据。

其有庙基界址，上抵老基后小山脑，下抵施主田，左抵小河沟，右抵施主田沟为界。再注。

该约计慈善价钱五串文。再注。

	玉庭
经管	玉斌
	玉麒
凭四房人	双云
	霞山
	续三
	波扬
	应田
	水隆
	忠球
凭中	王玉斋

民国十年辛酉九月二十六日　　程楚三依口代笔立

郭教真真人祭田

雷坛庙天井湖左塝田一丘，佃米四斗，其界上抵郭继华田并人行路，下抵六斗田，左抵郭伯和田，右抵人行路。又四斗田岸下六斗田南头一刬，佃米一斗，其界上抵四斗田，下抵郭甫臣田，左抵郭尚英田，右抵人行路。又李家垅塘外第五丘田一丘，佃米五斗，其界上抵卖主田，下抵卖主田，左抵①郭尚英地脚，右抵郭尚英地脚为界。有契据。

---

① "抵"字原缺，兹据文意补。

立永捐庙基字约人陈士奎、齐世昌、齐子方、齐和春、齐和贵、廖树堂、廖期友、廖少堂等。合口商议，情愿将我等所共管共佃九潭冲竹林塝一百石零二斗公共屋基厂基址一面，其界东抵齐世昌、廖正明二人地堑，西抵陈士奎、廖树棠二人田里人行路，南抵陈士奎、齐世昌等山脚，北抵廖树棠及大界内里人行路，四界踩明，愿将该共管共佃地基永远捐出，作为建修阐阳宫，奉祀神灵，及培置庙宇之地。自捐之后，听从阐阳宫汪大真人门下徒众建筑并栽蓄身等。均属情愿，不得翻悔异说。续经陈廷显捐得先年嗣父所管大九潭东冲土名涂家岩自绍自种田稞五石两斛，其田山界址水次俱照捐主红黑老契管绍，民米亦照原契寄柱完纳。又陈鄂卿捐得分属己名下所管地名胡家湾土名腊梅冲大界内中塅胡树山佃稞三石，又白石坳上塅胡树山佃稞二石二共计稞五石，其田界址水次俱照红黑老契管绍，该载民米七升。又陈士学捐得分属已名下所管地名九潭冲土名韩家冲田稞二石。又齐文斌捐得地名舒家湾田稞一石。又廖金亮捐得地名竹林塝大段内田稞二斗。均愿永捐与阐阳宫，作为祀奉香火之资。但陈士葵等，陈廷显、陈鄂卿等，均有捐约，据内廷显红黑契，已缴与树堂收执。惟齐文斌、陈士学、廖金亮等所捐之稞，均载重阳祖师腹脏内，现未书据。已上所捐庙墓田稞山场，均愿听从阐阳宫管业，后无翻悔异说。口不为凭，爰撮所捐业主捐据，注谱存照。

龙门正宗同真教谱卷一上

龙门正宗同真教谱纪源世次传之首

混元老子

老子，姓李名耳，字聃，号伯阳，楚苦县濑乡曲仁里人也。母孕八十一年，生于殷武丁之九年，岁在庚辰二月十五日。生而须发皓白，故世称为老子，指李树为姓。历殷至周，文王聘为守藏史。武王克殷，迁为柱下史。昭王时，西入流沙。至幽王时，复还中国。因三川皆震，曾上疏言。景王二十三年己卯，孔子至周，尝问礼焉。老子告孔子曰：君子得其时则驾，不得其时则蓬累而行。吾闻良贾深藏若虚，君子盛德容貌若愚，吾所以告子，若是而已。孔子将行，老子送之，曰：吾闻富贵者送人以财，仁者送人以言，吾虽不能富贵，而窃仁者之号，请送子以言乎？凡当今之士，聪明深察而近于死者，好讥议人者也；博辩宏达而危其身者，好发人之恶者也；无以有己为人子者，无以恶己为人臣者。孔子归，谓弟子曰：鸟，吾知其能飞；鱼，吾知其能游；兽，吾知其能走。走者可以为网，游者可以为纶，飞者可以为矰。至于龙，吾不能知，其乘风云而上天。吾见老子，其犹龙乎！

老子见周衰，遂去之。至函谷关，关令尹喜善望气，见紫气浮关，知有圣人至，乃守关候之。遇老子驾青牛车，将西度，关令尹请曰：子将隐矣，强为我著书。于是老子乃著书上下篇，五千余言，授令尹而去。世莫知所终。今亳州太清宫即老子降生之故宅地，京兆盩屋县终南山宗宗宫圣即古楼观授经处也。老子者，即太清太上老君之化身也，唐高宗上尊号曰太上玄元皇帝，唐玄宗上尊号曰太圣祖高上大道玄元皇帝，宋真宗上尊号曰太上老君混元上德皇帝。太上道君道法弥深，三清应化，随时普度，罡风不坏金刚佛。

赞曰：维昔洞神，经传十二。白鹿东来，青牛西逝。

道法自然，玄之又玄。无象之象，先地先天。

按老子之道，文始派最高，南华派最妙，少阳派最大。少阳传正阳，正阳传纯阳。纯阳传重阳，开北派；又传海蟾，开南派；传陆潜虚，开东派；传李涵，开西派。爰自太上法传虽一，而诸真衍派各殊。谨录于传，以资追远。

道祖混元祖派：

混元乾坤祖，天地日月星。三教诸圣师，金木水火土。

文始真人

师姓宓，字公文，号关尹子，谥号文始先生。仕周为大夫，入为东宫宾友，出补函谷关令。善天文秘纬，一日见东方有紫气西来，知有至真度关，乃告诫门吏洒扫焚香，严肃以俟。时昭王二十四年癸丑七月十二日甲子，老君关至，喜虔邀就馆，斋戒问道。遂授《五千言》上、下二篇。唐时敕号曰《道德经》，注分八十一章。

衍派曰尹喜派：

道德清高上，云城守炼丹。九重天外子，方知妙中玄。

心静自然体，发白面童颜。袖统乾坤大，阴阳①造化间。

南华真人

师姓庄名周，字子休，宋之蒙人也。为蒙县漆园吏。少从学于老子，遂遗世自放不仕，王公大人皆不得而器之。著书十余万言，皆寓言也。即于内七篇首曰《逍遥游》，其宗旨在乘物以游心，游乎天地之一气。是气也，内而本身，外而天地，无乎不在，物之所不得遁也，推之掀天勋业立地事功，无一而非游者。盖必能游而后能化，能化而后不死不生。以成道

---

① "阳"，底本为"阴"，兹据他本改。

之后言，游为无古无今之真人；以人道之初言，游乃勿助勿忘之妙用。盖《逍遥游》挈七篇之纲。若以儒书准之，《逍遥游》则浩然之气，至大至纲，塞乎天地也。《齐物论》则格物致知之学也，《养生主》则尊德性之事也，《人间世》则小德川流也，《德充符》则大德敦化也，《大宗师》则至诚无息也，《应帝王》则笃恭而天下平也。其为教言，弘扬道德体用之妙。

法派曰南华：

养生真主大，逍遥自在行。至人无功法，应世帝王尊。

东华演教五祖世传

东华帝君

帝君姓王，不知其名，或曰名诚字侒甫，世代、地理皆莫详。当系春秋时代人。或云古东园公降生于青州，得太上之道，隐居昆仑山，号东华帝君。复居五台山紫府洞天，或称紫府少阳君，亦称苦竹真君。后示现于终南山凝阳洞，以道授钟离子。又按《仙传拾遗》云：帝君盖青阳之元气，万神之先也，居太晨之宫，紫云为盖，青云为城，仙僚万亿，校录仙籍，以禀命于老君。所谓王姓者，乃尊贵高上之称，非其氏族也。斯言盖得之歟？元世祖封号东华紫府少阳帝君，武宗加封东华紫府辅元立极大道帝君。

赞曰：道继玄元，教行率土。天近昆仑，云横紫府。

神中之神，真中之真。长生有道，贻我后人。

法派曰少阳：

弘宣无上道，习学理自明。有个长生路，飞身蹑云程。

正阳祖师

师姓钟离，名权，字云房，号正阳子，京兆咸阳人也，古黄神氏。以汉永寿三年岁丁酉降生，容貌雄伟，学通文武，身长八尺七寸，髯过于腹，目有神光。仕汉为将军，因兵失利，遁入终南山，遇东华帝君，授以至道。后隐晋州羊角山，不与世俗接，束发为双髻，采槲叶为衣，自称天下都散汉。道成天真，锡号太极左宫真人。遨游人间，示现无常，世人往往遇之。尝有颂云：生我之门死我户，几个惺惺几个悟。夜来铁汉细寻思，长生不死由人做。有诗文行于世。今终南山凝阳洞传道观即遇东华帝君处，咸阳①周曲湾正宫即其故居也。元世祖封号正阳开悟传道真君，武宗加封正阳开悟传道垂教帝君，功隆上相清虚潇洒正阳帝君。

赞曰：早遇东华，以道相接。日月双髻，乾坤槲叶。

花生玉带，树长铅枝。悠悠沣水，只似当时。

法派曰正阳：

阴阳生造化，动静合本然。自得神仙旨，方知妙中玄。

纯阳祖师

师姓吕名嵒，字洞宾，号纯阳子，蒲州蒲坂县永乐镇招贤里人也。曾祖延之，仕唐，终河东节度使。祖渭，终礼部侍郎。父让，海州刺史。师于唐德宗贞元十四年丙子四月十四日巳时生。母就蓐时，异香满室，天乐浮空，一白鹤自天飞下，竟入帐中不见。仙经谓在天宫历劫，奉元始命降生度世。生而金形木质，鹤顶龟背，虎体龙腮，翠眉凤眼，修颈露颧，额阔身圆，鼻梁耸直，面白黄色，左眉角一黑子，左眼下一赤子，筋头大，两足纹隐如龟折。少聪敏，日记万言，矢口成文。既长，身五尺二寸，喜顶华阳巾，衣白黄襕衫，系皂绦。年二十不娶。始在襁褓，马祖见之曰：此儿骨相不凡，自是风尘表物，他时遇庐则居，见钟则扣，留心记取。咸通中登进士第未调，因暮春游沣水之上酒肆，见一羽士青巾白袍，长髯秀目，手携紫筇，腰挂大瓢，书三绝句于壁曰：坐卧常携酒一壶，不教双眼识皇都。乾坤许大无名姓，疏散人间一丈夫。得道真仙不易逢，几时归去愿相从。自言住处连沧海，别是蓬莱第一峰。莫厌追欢笑语频，寻思世事可伤神。闲来屈指从头数，得到清虚有几人。师讶其状貌奇古，诗意飘逸，因揖问姓氏，曰：吾复姓钟离，名权，字云房，道号正阳子。师再拜

---

① "阳"字原缺，据他本补。

延坐，钟祖曰：子可吟一绝，予欲观之。师遂呈一绝，曰：生在儒家遇太平，悬缨重滞布衣轻。谁能世上争名利，臣事玉皇归上清。钟祖见诗暗喜，因同憩肆中，谓曰：尘心难灭，仙才难值，吾之求人，甚于人之求吾也。但功行未完，难得至道，授子黄白秘术，可以济世利物，使三千功满，八百行圆，吾来度子。师问曰：所作庚辛，有变异乎？钟祖曰：三千年后，还本质耳。师愀然曰：误三千年，后人不愿为也。钟祖笑曰：子推心如此，三千八百，悉在是矣。因与之叙弃世得道来历，且言受苦竹真君记曰：此去游人间，遇人有两口者，即汝弟子。吾遍游山海，竟未见人有两口者，今详子姓，实符苦竹之记矣。予所居终南鹤岭，子能从予游乎？师因随往，星月交辉，四顾寂寥，钟执师手偕行，才数步，恍如骑快马，历山川，俄顷至。洞门前有二虎踞守，钟叱之，虎伏不动。乃引入，金楼玉台，珍禽琪树，光景照耀，气候如春。相与坐盘陀石，饮元和酒三杯，授金仙之道。后隐庐山，遇火龙真人，传天遁剑法，修炼成道。周游人间，每称回道士，或隐或显，世莫能测。有诗云：捉得金精作命基，日魂东畔月华西。于中炼就长生药，服了还同天地齐。尝于邯郸逆旅以枕授卢生，又于东邻沈氏家作诗，以榴皮书壁。其灵踪圣迹，载于书传者，不可胜纪。世之言神仙者，必宗钟吕，其所至处，后人皆建观宇。有诗词名《浑成集》，行于世。今永乐镇大①纯阳万寿宫即其故居也。首度柳青一，证位宏教真君。元世祖封号纯阳演正警化真君，武宗加封纯阳演正警化孚佑帝君。现时封号纯阳演正警化孚佑帝君兴行妙道天尊普度光圆自在文尼真佛。

赞曰：一剑横秋，清风两袖。道在函三，丹成转九。

苍梧北海，白云帝乡。甘河一滴，源远流长。

法派曰纯阳：

寂然无一物，妙合于先天。元阳复本位，独立玉京山。

海蟾祖师

师姓刘名操，字宗成，号海蟾子，燕山人也。以十月十四日降生，年

---

① "大"，原本作"天"，据他本改。

十六登辽之甲科，仕至上相。嗜性命之学，未究玄蕴。忽有道人来谒，师以宾礼延之。问其姓名，默而不答，惟索鸡卵十，金钱一，以金钱置按上，累累叠十卵不坠，师叹曰：危哉！道人曰：公身命俱危，更甚于此！师复问曰：如何是不危底？道人乃敛鸡卵金钱，掷之于地，长笑而去。师于是顿悟，因夜宴，尽碎宝器。明日解相印，易道衣，佯狂歌舞。远游秦川，遇前次道人授以丹诀，方知是纯阳子也。师尝有句云：抛离火宅三千口，屏去门兵十万家。又有长歌云：醉骑白驴来，倒提铜尾挵。引个碧眼奴，担着独胡瘦。自忘尘世事，家住葛洪井。不读《黄庭经》，岂烧龙虎鼎。独立都市中，不受俗人请。欲携霹雳琴，去上昆仑顶。吴牛买十角，溪田耕半顷。种黍酿白醪，便是神仙境。醉卧古松阴，闲立白云岭。要去即便去，直入秋霞影。师后以道妙授董凝阳、张紫阳，乃遁迹于终南、太华之间，不知所终。有诗文行于世。元世祖封号海蟾明悟弘道真君，武宗加封海蟾明悟弘道纯佑帝君。

　　赞曰：勇脱金貂，力辞相印。秦川异遇，终南高隐。

　　　　　乌飞兔走，虎伏龙降。一厄仙酤，留待重阳。

　　法派曰海蟾：

　　省悟自归阳，修养本元神。散淡蓬莱客，逍遥阆苑人。

重阳祖师

　　师姓王名嚞字知明，号重阳子，咸阳大魏村人也。母孕二十四月而生，生于宋徽宗政和二年壬辰十二月二十二日。始名中孚，字允卿，易名世雄，字德威。后入道，改今名字。师美须髯，目大于口，身长六尺余，气豪言辩，膂力过人，通经史，善骑射。会中原多事，秦陇纷扰，师每有出尘之志。乃迁终南县刘蒋村，创别业栖隐，置家事俱不问，放旷自适。常云：昔日庞居士，如今王害风。金正隆四年己卯六月望日，于终南县甘河镇酒肆中遇二人，皆蓬首披毡衣，年貌如一。师见而异之，实时恳礼，其人徐曰：此子可教。遂密授以道妙。师有颂云：四十八上始遭逢，口诀传来便有功。一粒金丹色愈好，玉华峰上显殷红。其所遇者，盖吕纯阳也。明年庚辰中秋日，于醴泉道中再遇前次二仙师，趋而拜之，欣然共饮酒肆酒家。叩问二仙乡贯年姓，答曰：濮人也，年二十二。而不告其姓，复以秘诀五篇授师，俄失所在。大①定元年辛巳，师于终南县南时村作穴居，名活死人墓，四隅各植海棠一株，人问其故，答曰：吾将来使四海教风为一家耳。癸未秋，弃活死人墓，与和玉蟾、李灵阳结庵于刘蒋。甲申秋，复遇刘海蟾于甘河镇，饮以仙酎，故师有词云：正阳的祖，又纯阳师父，修持深奥。更有真尊唯是叔。海蟾同居三岛。师自是不复饮酒，但饮水而有醉容，口中作酒香，有诗云：醒来不饮尘中酒，达后惟传世外杯。从此白云随地有，自然举步到蓬莱。乙酉春，题诗于终南山太平宫壁云：害风害风旧病发，寿命不过五十八。时有史处厚、刘通微、严处常相继受学为弟子。丁亥四月二十六，忽自焚其庵，人惊救之，师方舞跃而歌曰：茅庵烧了事休休，决有仁人却要修。便做惺惺诚猛烈，怎生学得我风流。乃辞众曰：我东方丘刘谭中寻马去也。

遂东出关，至闰七月十八日，抵宁海州会马宜甫，问答契合，乃筑室于马氏南园，题曰全真，书一长歌云："堂名名号号全真，寂静逍遥子细陈。岂用草茅遮雨露，亦非瓦屋度秋春。一闲间舍应难得，四假凡躯是此因。常盖常修安在地，任眠任宿不离群。有时觉后尤宽大，每到醒来愈爱亲。气血转流浑不漏，精神交结永无津。慧灯内照通三耀，福注长生出六尘。自哂堂中心火灭，何妨诸寇积柴薪。"全真之名盖始于此。九月，丘长春自昆仑山来受学，谭长真抱疾而至为弟子。十月于庵锁环百日，日以分梨十化警悟宜甫夫妇。分梨十分者，师初锁环之一日，以梨一枚与宜甫啖之，每六日赐芋栗各六枚，至是月十一日分梨为二块，令宜甫夫妇共食之，后六日之芋栗，旬日之梨为常期也。其芋栗如初之数，梨则每旬例增其一，一至于十旬而积数为五十有五，应天地生成之数。每与，必以诗颂警悟之。次年戊子正月十一日启环，二月，宜甫弃家入道，王玉阳自牛仙山来礼师。晦日，师携马、谭、丘、王四师游昆嵛②山烟霞洞。居之三月，郝广宁受业于洞中。八月，师同弟子迁文登姜实庵，立七宝会。九年春，师同马、谭、丘、郝四师回宁海，周伯通筑庵请师居，名曰金莲堂。重午日，宜甫妻孙氏诣金莲堂出家。八月，就本堂立金莲会，州人或欲写师真，左目右转，右目左转，老少肥瘠，形色无定，竟不能状。九月，至福

---

① "大"，原文为"太"，兹据他本改。
② "嵛"，原本作"仑"，据他本改。

山县，立三光会。遂游登州，登蓬莱阁，与众观海市，忽飓风起，人见师随风吹入海中，久之复出，冠服皆如故，观者异之，乃立玉华会。遂同马、谭、丘三师至莱州，刘长生弃家从道。十月达掖县，立平等会。是月，携马、谭、刘、丘四师西游汴梁，寓王氏旅邸。岁暮，师忽书一词辞世。其末云：逌去回也，一颗明珠无有价；正见真修，稳驾逍遥到岸舟。

年庚寅正月初四日，呼四师来前，曰：吾今赴师真之约矣。复说颂云：地肺重阳子，呼为王害风，来时长日月，去后任西东。作伴明①云和水，为邻虚与空。一灵真性在，不与众人同。言毕，枕肱而逝。众皆号恸，师忽开目起坐曰：何至于此！汝等学道，犹未悟此耶？乃以秘诀五篇付丹阳，令递相规益。遂书偈云：一侄二子一山洞，连余五个一心雄，六明齐伴天边月，七爽俱邀海上风。真妙里头拈密妙，晴空面上蹑虚空。东西南北皆圆转，到此方知处处通。书毕而化。

初师在登州时，太守纥石烈名邀待以师礼，临别谓师曰：再会何时？师曰：南京。及师仙化，邀适除南京留守。又尝指登州望仙门外画桥，语人曰：他年逢何必坏。后一纪，太守何邦彦恶桥高峻而毁之。其未出关时，尝自画一三髻道者与松鹤共为一图，付史风仙曰：留此待我，他日擒得马来，以为勘同。后丹阳入关，风仙以画像验之，毫发无异。其神妙若此者甚多。有《全真前后集》《韬光集》《云中录》《分梨十化说》行于世。今甘河遇仙宫即遇披毡仙处，南时成道宫即活死人墓，大重阳万寿宫即刘蒋故庵，汴梁大朝元万寿宫即王氏旅邸师登真处也。元世祖封号重阳全真开化真君，武宗加封重阳全真开化辅极帝君。

赞曰：天挺异人，英迈盖世。二士既逢，五篇斯秘。

　　　　海棠四影，金莲七花。水云为伴，稽首东华。

法派曰净阳：

自己有珍宝，何须向外寻。一切功行满，丹书来诏宣。

---

① "明"字疑为衍文。

金莲正宗七真世传

丹阳子

师姓马名钰字玄宝，号丹阳子，初名从义，字宜甫，宁海州人也。生于金太①宗天会元年五月二十日，昆弟五人，师其次也。其母初孕，梦麻姑赐丹一粒吞之。童时诵乘云驾鹤之句，李无梦见曰：额有三山，手垂过膝，真大仙材也。家饶于财，号马半州，娶州人孙忠显女，生三子。大定七年闰七月宴于州人范明叔家怡老亭，酒酣赋诗，有"醉中人扶"之句。忽重阳布袍竹笠，冒暑而来，径造其席，师问曰：奚自？重阳曰：终南特来扶醉人。师异之，取瓜与重阳食，重阳从蒂食起。师怪询其故，重阳曰：甜向苦中来。又问姓名，曰：王害风。师复叩云：何名曰道？重阳曰：五行不到处，父母未生前。师于言下有悟，谈论甚相契合，请重阳还家而师之。于前时梦南园鹤飞处，筑庵以居重阳，重阳扁之曰全真。十月朔，重阳于庵锁环百日，日示师以分梨十化，夜与师密谈道妙。次年戊子正月十一日，重阳出环。二月初八日，师悉以家事付三子，出家学道，重阳为易今名字。九年己丑十月，师从重阳游汴梁，寓王氏旅邸。庚寅正月初四日，重阳以五篇秘诀授师而逝。师遂顶分三髻以象师名。师与刘、谭、丘三师举重阳仙蜕葬之于刘蒋，时壬辰岁也。乃一新故庵，题曰祖庭。

十四年甲午中秋，师与谭、刘、丘三师宿秦渡镇真武庙，月夜各言其志。师曰斗贫，谭曰斗是②，刘曰斗志，丘曰斗闲。翊日，乃别长真。长生游洛阳，长春隐磻溪，师返祖庭。锁环而居，至十八年戊戌八月朔出环。明年正月，游华亭县，李大乘延师事之。二月望，于其家同居环，百日出。师活环外枯林檎树一株。二十年春，至京兆，赵蓬莱施宅为庵，师复居环百日出，复归祖庭。二十二年四月，东回宁海，道经济南，有韩淘

① "太"，底本作"大"，兹据文意改。
② "谭曰斗是"，底本作"斗是谭曰"，兹据他本改。

字清甫者，礼师请益。师曰：夫道以见性为体，养命为用，柔弱为本，清净为基，自然灭情于虚，宁神于极，不出户庭而妙道得矣。至州，居金莲堂，堂有咸苦井不可食，师咒之，变为甘泉。尝有联云：水中焰送三丹结，火里莲生一性圆。学道男儿无我相，修真烈士没人情。如此语甚多。二十四年癸卯下元，文登人请师主醮，众睹重阳现于空际白龟之上。晦日，游城北之三教堂时，门子弟咸集。忽郧州王道师抱琴至，师乃援笔作《归山操》，示众云："能无为兮无不为，能无知兮无不知。知此道兮谁不为，为此道兮谁复知。风萧萧兮木叶飞，声嗷嗷兮鹰南归。嗟人世兮日月催，老欲死兮犹贪痴。伤人世兮魂欲飞，嗟人世兮心欲摧。难可了兮人间非，指青山兮当早归。青山夜兮明月飞，青山晓兮明月归。饥餐霞兮渴饮溪，与世隔兮人不知。无乎知兮无乎为，此心灭兮那复为。天庭忽有双华飞，登三宫兮游紫微。"盖示其归真之意也。遂至莱阳，居游仙宫。十二月二十二日，重阳仙诞，师致醮毕，与诸弟子夜话。至二鼓，忽风雨大作，迅雷一声，谓弟子曰："吾今赴仙会堂归去也，作个快活仙。汝等欲作神仙，须要励修功行，纵遇千魔百难，慎勿退惰。"言讫，端坐而逝。是夜，神游郭复中、刘锡家，各留一颂。次日，方知师仙化矣。有《金玉》《渐悟》《行化》《成道》《圆成》《精微》文集六，语录一，行于世。今莱阳县游仙宫即师登真之所也。

元世祖封号丹阳抱一无为真人，武宗加封丹阳抱一无[①]为普化真君。

赞曰：梦鹤投机，食瓜有省。十化人心，三髻在顶。

　　　　春回枯木，井化甘泉。雷轰风动，白云青天。

法派曰遇仙：

自然来正气，冲寿成仙丹。忠靖得礼义，了元见朝天。

致虚端笃悟，本理淳全玄。清微通大化，真常合妙言。

长真子

师姓谭名处端，字通正，号长真子，宁海人也。初名玉，字伯玉。生于金太宗天会元年癸卯三月朔。幼堕井，坐水上无惊，复遇火不怖，人皆

---

① "无"字原缺，据他本补。

异之。年十五，有志于学，作蒲萄篇，已脍炙人口。尝因醉卧途中遇雪，感风痹之疾。大定七年秋，闻马宜甫师事重阳师，遂弃妻，诣全真庵，礼重阳，愿为弟子。时夜寒甚，炉灶清冷，殆不可忍。重阳遂展足令师抱之，少顷汗流被体，如卧甑中。旦起，重阳以盥洗余水，令师盥面，于是宿疾顿除，须眉俨然。师乃拜祷重阳，求道之日用。重阳遂授以四字秘诀，又赠以词，有达真谭玉之语，为改今名字。九年冬，重阳游汴，师同马、刘、丘侍行，寓王氏旅邸。明年庚寅正月初四日，重阳仙去，师与三师举仙蜕西葬刘蒋，庐于墓侧三年。

十四年秋，师东出关，居洛阳朝元宫。后游河朔获嘉县，居府君庙之新庵。一日师锁庵，往卫州。至夕，庙官温六见庵中火光，窥见师拥火而坐。庙官惊，遣人趋州求师，师在州之北关旅邸中，卧犹未起，及还庵，火烬尚未灭。十五年，师游磁州二祖镇，遇一醉徒问师：尔从何来？未及应，遽以拳击师，口齿折，血流，而容色愈和，吐齿握手中，歌舞而去。市人见者皆怒，使讼于官，师但云：彼醉耳。时丹阳在关中，闻而赞之曰：一拳消尽平生业。十六年，上洛州白家滩，一农夫病累月，治疗无方，梦一道者与之红药服之，觉而疾愈。次日见师，愕然曰：此即梦中赐药之师也。欲谢之，不顾。二十一年，复西游，寓华阴纯阳洞，示众：六年灭尽无明火，十载修成换骨丹，湛湛虚堂无罣碍，已知跳出死生关。复游洛阳，于朝元宫之东得隙地数亩，筑庵居之。二十五年乙巳四月朔，令门人预营葬事，遂书《行香子》云："交泰一声雷，迸出灵光万道辉。龙遇迅雷重脱壳，幽微。射出金光透顶飞。　一性赴瑶池，得与丹阳相从随。显现长真真妙理，无为。涌出阳神独自归。"书毕而逝，异香凝室者数日。有《水云集》行于世。今宁海栖霞观即其故居，洛阳朝元宫乃师登真之所也。元世祖封号长真云水蕴德真人，武宗加封长真凝神玄静蕴德真君。

赞曰：抱疾求师，雪寒无寐。春生两足，道光四秘。

夜焚楁柮，晓卧卫州。骖鸾跨鹤，掉臂瀛洲。

法派曰南无：

---

① "起"，底本为"超"，兹据文意改。

道本崇真理，玄微至妙仙。立在云霄上，功成必有名。

大教明清静，宏演德惟良。悟元光体性，一志复圆融。

长生子

师姓刘名处玄，号长生子，东莱州武掖县武官庄人也。生于宋绍兴十七年丁卯七月十二日。事母以孝闻，誓不婚宦，视外物恬不介意。屡欲出家，母未之许。大定九年二月，忽睹邻居壁间人所不能及处书二颂，墨迹尚新，不留名姓。其末句云：武官养性真仙地，须有长生不死人。师见其笔力遒劲，疑异未能决。九月，重阳与马、谭、丘三师至东莱，师往迎拜之。重阳顾而笑曰：壁间墨迹，汝知之乎？师于是倾诚乞为弟子。重阳见其神采不群，叹曰：松之月，竹之雪，故不受于黄尘。乃赠以诗，为立今名字。时弱冠之年也，从重阳游汴。明年春，重阳仙去，师与马、谭、丘三师藏仙蜕于刘蒋，庐于墓侧三年。

甲午秋乃涵迹京洛，心灰益寒，形木不春，人馈则食，人问则答。十八年秋，迁居洛城东北云溪洞，门人为凿洞室，忽得石井，众方骇异，师笑曰：不远数尺，更有二井，此乃我三生前修炼处。凿之果然。二十一年秋，东归莱州。明年，就武官故居建庵。明昌二年，驸马都尉仆散出镇莱州，感于谗毁，命尉司栾武节追捕下狱，俄市人见师于城南，与道交接，谈如常日。郑押衙衔王受事亦见之，意师逃出，往视狱中，师方熟睡。二人惊骇，以所见白都尉，都尉方悟师为有者，亟令出之。承安二年丁巳，章宗皇帝闻风聘召，问以至道。师对曰：至道之要，寡嗜欲则身安，薄赋敛则国泰。上曰：先生广成子之言乎？敕师于天长观。明年三月，得旨还山，赐赆，固辞不受，敕赐故居庵额曰灵虚观。泰和三年癸亥正月，东京留守刘昭毅、定海军节度使刘师鲁来礼师问道，师曰：公等当代名臣，深荷顾遇，吾将逝矣，不足为公等友。复示颂云：正到峥嵘处，争如拂袖归，我今须继踵，回首返希夷。二公览之怆然。二月初六日，鸣鼓集众，告以去期，谓弟子曰：各善护持，毋生懈怠。乃曲肱而逝。有《仙乐》《太虚》《盘阳》《同尘》《安闲》《修真》文集六，及《道德注》《阴符演》《黄庭述》行于世。今洛阳长生万寿宫即云溪三井洞，武官灵虚观即其故居，师登真之所。元世祖封号长生辅化明德真人，武宗加封长生辅化宗玄明德真君。

赞曰：雪竹月松，迥出尘境。既悟三生，再得二井。

紫烟横洞，白云绕溪。桓桓道武，前席谦之。

法派曰随山：

思道明仁德，全真性复常。景高和礼义，嗣信守忠良。

裕谦贤履泰，宗枝茂惟祥。盛益希诚朴，玄元世永昌。

长春子

师姓丘名处机，字通密，号长春子，登州栖霞县滨都人也，生于金熙宗皇统八年戊辰正月十九日。幼聪敏，日记千余言。未弱冠，即学道，隐昆嵛山。大定七年，闻重阳道化，九月乃拜于宁海之全真庵。重阳赠以金鳞，遂为弟子，重阳为训今名字。九年冬，从重阳游汴梁，寓王氏旅邸。明年正月初四日，重阳仙化，师与马、谭、刘三师举仙蜕葬于刘①蒋，庐墓三年。

岁甲午秋，乃入磻溪穴居，日乞一食，行一蓑，人之谓蓑衣先生，昼夜不寐者六年。复隐陇州龙门山，苦行如磻溪时，远方学者咸依之。大定二十八年二月，世宗皇帝召赴阙，问答称旨，赐以巾冠，馆于天长观。夏五月，召见于长松岛，问以延生之理，师对曰：惜精全神，修身之要，恭己无为，治天下之本。富贵骄淫，人情所常，当兢兢业业以自防耳。诚能久而行之，去仙道不远。诞诡幻怪，非所闻也。上善其言。七月再召见于便殿，师剖析至理，上大悦。翼日，赐上林桃，师不食茶果十余年，至是取一枚啖之，应制进瑶台第一层词。八月得旨还祖庭，赐赆，礼辞不受。明昌二年辛亥，东归栖霞，以故居为观，敕赐额曰太虚。泰和七年丁卯春，元妃施道经一藏，驿送太虚观。贞祐二年甲戌冬，山东乱，帅府请师，牒谕所至，皆投戈拜命，宁海、登二州遂安。四年春，金宣宗皇帝命东平监军王庭玉召师，不赴。兴定三年己卯，师居莱州昊天观，时齐鲁陷宋。八月，宋宁宗皇帝命大帅彭义斌召师，亦不赴。是岁，元太祖成吉思皇帝在奈蛮国命侍臣刘仲禄捧诏聘师，十二月仲禄至莱州，师慨然应命。

---

① "刘"字原缺，据他本补。

明年庚辰正月，师遂起行，十八大师从。二月入燕城行省，馆于玉虚观，三月进表陈情，四月道出居庸关，忽遇群盗，皆稽首而退，十月师至武川，进表使回谒捧诏促召。辛巳春，逾岭而北，七月至阿不罕山，留弟子宋道安等九人，立栖霞观，率赵虚静辈轻骑以行。壬午三月，上遣太师阿里鲜来迎，诏谕仲禄镇海护从师来，敕万户播鲁只以甲士卫师过铁门。四月方达印土，见皇帝于大雪山之阳。上设二帐于御幄之前居师，以便访问。十月望，上设庭燎，虚前席延师，问以王道，时太师阿海阿里鲜侍，师对以"节欲乃修身之要，爱民为永国之方"，及陈天道好生恶杀之意。上悦，命侍臣书之简册，其详见于《庆会录》。癸未二月辞归，上勉留。三月，复辞，制可。所赐备极丰腆，皆辞之，与诸弟子俱还。诏太师阿里鲜护师东归。至阿不罕山栖霞观，率栖霞弟子皆归。甲申三月至京师，是月上遣谒剌传旨：丘神仙至汉地，凡朕所有之城池，其欲居者居之。往回事迹见《西游记》。行省请师住天长观，自尔使者赴行宫，皇帝必问丘神仙安否，还必有宣谕语行省。又施琼华岛为观，师命工葺①之。乙酉，师折梨花一枝与玄宁居士张去华，曰：此男子之祥也。去华以瓶养之，至秋结实二十有四，果生一子，即明诚也。延祥观有枯槐一株，师以杖击之曰：枯槐再活。后槐复荣茂。九月，荧惑犯尾宿，宣抚王揖请师禳之，是夕，荧惑退数舍。丙戌五月大旱，行省请师祈祷，大雨三日。丁亥五月，诏以琼华岛为万安宫，改天长观为长春宫，赐师金虎符，主领天下道教事，特旨蠲免道门差税。

　　六月二十三志雷雨大作，太液池南岸崩，北口山摧，师闻而笑曰：山摧池枯，吾将与之俱乎？七月初九日，师升宝玄堂，示众以生死事，复曰：教门用力，大地尘劳，心地下功，全抛世事，各宜精进，毋使虚度时光，正法难遇，道教事尹志平、李志常相继主之。遂书颂云："生死朝昏事一般，幻泡出没水长闲。微光现处跳乌兔，玄量开时纳海山。挥斥八纮②如咫尺，吹嘘万有似机关③。狂辞落笔成尘垢，寄在时人妄听间。"毕，归葆光堂，端坐而逝。有《磻溪鸣道文集》《西游记》行于世。今栖霞县

---

　① "葺"，底本作"茸"，兹据文意改。
　② "纮"，底本作"绒"，兹据《道藏》本改。
　③ "关"，底本作"闲"，兹据《道藏》本改。

太虚观即其故居，磻溪长春成道宫即修真之处，京师大长春宫即登真之所也。元世祖封号长春演道主教真人，武宗加封长春全德神化明应真君。

赞曰：巍巍长春，一蓑烟雨。磻溪六年，雪山万里。

洪范丹书，为王者师。玉符金符，演道明时。

法派曰龙门，派字另叙。

玉阳子

师姓王名处一，字玉阳，号伞阳子，宁海东牟人也。生于金熙宗皇统二年壬戌三月十八日，母梦丹霞被体而生。七岁无疾死而复苏，由是知死生之事。尝山行遇一老翁坐石上，与之语，又闻空中人自称玄庭宫主，自是若有所得，人不能知。弊衣赤脚，歌舞于市，人以为病。或谓非病，强加以巾冠而妻之，师不可。大定戊子二月，闻重阳至州，师往迎拜，请为弟子，重阳为训今名字，从居昆嵛山烟霞洞。其母周氏亦愿出家，重阳训名曰德清，号玄靖散人。是秋，侍重阳回文登，居姜实庵。明年春，师辞居查山。重阳与马、谭、丘、郝四师自文登归宁海，道经龙泉，去查山二百余里，时炎暑，重阳持伞，忽伞自手中飞去，未晡坠查山。师于伞柄中得诗一首，并伞阳子三字，因以为号。

后居云光洞九年，志行确苦。尝俯大壑，以一足跂立，人称为铁脚仙。遨游齐鲁，大著神异，度人逐鬼，踏盗碎石，出神入梦，召雨摇峰，烹鸡降鹤，起死嘘枯，一方千里，耸动向化。金世宗皇帝闻其名，二十七年丁未召赴阙，商以卫生为治，师对曰：舍精以养神，端拱以无为。凡所应对，大副宸衷。馆于天长观，久之，有嫉恶师者，召师饮而鸠之。师预戒其徒，凿池灌水，以俟师至。彼持杯尽饮，曰：吾贫人也，尝从人丐食，今幸见招，愿罄余酒以尽若欢。酌之，又尽饮。归浴池中，水皆沸涫，惟须发尽脱，不能受冠。上闻之，即遣使穷治其事，问至再三，师终不告，惟曰：某素无取仇人者，良由①得疾致然。使者以师言回奏，上益嘉叹。明年戊申春，诏建修真观居师，即求还山侍亲，上从之，所赐赆悉委去。是岁，上不豫，十二月再召，师对使者曰：吾恐不及再睹天颜矣。

---

① "由"，底本作"申"，兹据文意改。

己酉正月初三日至京师，世宗崩已二日矣。嗣君留师，为先帝主醮而归。承安二年丁巳七月，章宗皇帝召至便殿，问答称旨，眷遇至渥。翼日，诏赐金冠紫衣，号醴玄天师，馆之崇福观。戊午夏，奏母玄靖年九十，乞侍养，上允，厚赆之，师乃东归。泰和元年辛酉、三年癸亥，两奉诏设醮于亳州太清宫，度道士千余人。是年七月二十五日，师母玄靖逝。七年春，师居圣水玉虚观，元妃驿送道经一藏。泰安元年己巳七月，字水鲁参政请居北京华阳观。庚午，居蓟州玉田县，谓其徒曰：若闻空中剑楯击撞声乎？北方气运将新，生齿必有罹其毒者。是岁天兵果南牧。贞祐四年，文登人请居天宝。明年丁丑四月二十二日沐浴衣冠，拜上下四方毕，端坐留颂而逝。有《云光集》《显异录》行于世。今宁海圣水玉虚观即其故居，文登天宝观乃师登真之所也。元世祖封号玉阳体玄广度真人，武宗加封玉阳体玄广慈普度真君。

　　赞曰：奇哉玉阳，显异具载。石上谈玄，空中飞盖。

　　　　　星辉帝座，水沸春池。金冠既锡，拂剑归东。

　　法派曰昆嵛：

　　清静无为道，至诚有姓名。金玉功知巧，通此加地仙。

　　玄中宗义德，茂演教宏元。冲和真法永，智慧[①]保神全。

广宁子

　　师姓郝名大通，字太古，号广宁子，宁海人也。生于金熙宗天眷三年庚申正月初三日。家财甲一州，事母孝，翛然有出尘志。好读易，洞晓阴阳术数之学，慕季主君平，隐于卜筮。大定七年丁亥秋，重阳至宁海，游行于市，见师言动不凡，思有以感发之。一日至卜肆，背肆而坐，师曰：请先生回头。重阳曰：君何不回头耶？师悚然惊异。重阳去，师即闭卜肆，至马氏南园全真庵中，谒重阳请教。重阳授以二词，师大悟，不觉下拜，以有母老，未即入道。明年戊子，母捐馆。三月，师乃弃家入昆嵛山烟霞洞，受业为弟子。重阳纳之，训名璘，号恬然子，乃解衲衣去其袖而与之，曰：勿患无袖，汝当自成。

---

　　① "慧"，底本作"和"，兹据他本改。

师日携瓦罐乞食，未几辞重阳去，与玉阳子俱隐查山。后玉阳以师不立苦志忠告而劝激之，师遂西访四师。四师方庐于重阳墓，普礼终，师欲与同处，谭长真激①以随人脚跟转之语。明日即东还，至岐山遇神人，为改今名及今号。十三年癸巳，度大庆关，游赵魏间。十五年乙未，坐沃州桥下，不语不动，河水泛溢，亦不少移，人馈则食，不馈则已，虽祁寒酷暑，兀然无变，如此者六年。其族属亲戚来视之，师皆不答，有所赠，亦皆不受。二十二年，师至真定外堂演道，听者常数百人。复过滦城，又与神人遇，受以大易秘义。明昌元年庚戌秋，迁宁海，一日遽索纸笔挥染，疾若风雨，成易图三十三，皆天人之蕴，昔贤所未发者。师尝于天长预告侯子真以火，恩州夜入王镇国之梦，言人事之悔吝吉凶，无不验者。大定元年乙巳，戒门人营冢，预告去期。至崇庆元年壬申腊月晦日，无疾端坐，留颂而逝。有《太古集》、《心经解》、《救苦经解》及《示教直言》行于世。今宁海先天观即师登真之所也。元世祖封号广宁通玄太古真人，武宗加封广宁通玄妙极太古澄悟真人。

赞曰：卖卜人间，回头已早。瓦罐衲衣，语默皆道。

云述查洞，水绕石桥。易图一卷，千古寥寥。

法派曰华山派：

至一无上道，崇教演全真。冲和德正本，仁义礼智信。

嘉祥宗泰宇，万里复元亨。清静通玄化，体性悟诚明。

清净散人

仙姑姓孙名不二，号清净散人，宁海人也。生于宋徽宗宣和元年己亥正月初五日。父曰忠显，母梦六鹤飞舞于庭，一鹤飞入怀中，觉而有娠，乃生仙姑。性聪慧，严礼法，长适州之马宜甫，即丹阳先生也。生三子，曰庭珍、庭瑞、庭珪。大定七年又七月，重阳抵宁海，筑全真庵于南园。十月朔，重阳于庵锁环，明年正月十一日出环。仙姑夫妇悟分梨十化之教，二月初八日宜甫弃家从道。九年重五日，仙姑诣金莲堂，师重阳出家。重阳乃赠以诗，为立今名号，遂授以道要。其冬，重阳携马、谭、

---

① "激"，底本作"澂"，兹据他本改。

刘、丘四师游汴梁。明年，闻重阳仙化，四师举化蜕归终南之刘蒋，仙姑就金莲堂居环。大定十五年夏，仙姑西入关，致醮祖庭。未几即出关，游洛阳，居风仙姑洞，接引弟子甚众。二十二年壬寅十二月二十九日，忽沐浴更衣冠，问弟子天气早晚，对曰卓午矣，遂援笔书《卜算子》云："握固披衣候，水火频交媾。万道霞光海底生，一撞三关透。 仙乐频频奏，常饮醍醐酒。妙药都来顷刻间，九转丹砂熟。"书毕，谓弟子云：吾今归矣，各善护持。乃趺坐而化，时丹阳在文登七宝庵忽拂衣起舞，歌《醉仙令》，谓门人曰：今日有非常之喜。众叩其故，丹阳曰：孙仙姑今日已仙去。明年春，报者至云仙姑于是日返真于洛阳矣。有诗词行于世。元世祖封号清净渊贞顺德真人，武宗加封清净渊贞玄虚顺化元君。

赞曰：离俗超尘，探玄究妙。铁板寻真，笊篱灵照。

　　　九还功就，几载坐忘。蓬莱归路，笑倒丹阳。

法派曰清静：

全真通玄理，大道德无为。性和灰尸解，祗此百工夫。

虚静明常应，宏仁守志诚。嗣教宗元化，悟本自遐龄。

道玄南五宗世传

紫师真人

师姓张名伯端，法名用成，字平叔，浙江天台县人。少习儒业，历久不仕，遂潜心玄道，涉猎三教典籍。宋神宗时，尝游西蜀八十二宿天回寺，得遇海蟾祖师，授以金丹药物火候之秘，深有契悟。访荆马处得资助，入汉真修炼功成。以法授石杏林，复授刘永年。著有《悟真篇》行世，证位紫阳少府天台启派真君广慈立极天尊。

杏林真人

师姓石名泰，字得之，号翠玄，扶风县杏林驿人。性好黄老之道，遍游名胜。于宋神宗元丰间得遇紫阳祖师，授以大丹秘旨。至崇宁丙戌，时年八十有五，绿发朱颜，和霭光映，号紫虚子，以法授薛道光。著有《还元篇》行世，证位紫虚继派慕义怀仁真君卓荦豁达天尊。

道光真人

师姓薛名式，字道源，陕西鸡足县人。初为僧，居开福寺，参修岩长老，深明佛法。忽念谈禅说法不能得久视长生，复志金丹性命之道。于宋徽宗大观丙辰冬，遇杏林祖，稽首皈依。祖鉴其诚，隐以达摩西来意晓之，复授以秘要，并赠以偈云：心田无医，性地绝尘，神居性内，修炼还真。万物生皆死①，元神死复生，以神居性内，丹道自然成。诫之曰：此非有巨室外护，则易生毁谤，好依有德有力者图之。遂弃僧伽，幅巾逢掖，改字道光，号曰紫贤。诣京师，遇张环卫，得资助功成，以法授张，复授陈泥丸。著有《还丹复命篇》行世。证位紫贤演派伽黎开悟真吾还丹复命天尊。

泥丸真人

师姓陈名楠，字南木，广东惠州博罗县白水岩人。以盘桄箍②桶为生，然好道学仙之心切。一日遇黎母山灵人，授《景霄大雷琅书》。能以符水捏土为丸，为人愈病，人呼为陈泥丸，又号翠虚。后遇道光祖，授以太乙刀圭丹诀。修炼既成，神异莫测，以法授白玉蟾。著有《泥丸翠虚集》行世，证位紫泥昭异随光普度真君修为无碍天尊。

紫清真人

师白玉蟾，本姓葛，名长庚，福州闽清县人。祖有与，督教琼州。父振业，承习儒业，于宋绍兴甲寅岁三月十五日梦道君以玉蟾蜍授之，是夕产师。师母即以玉蟾名之。无何，祖、父相继逝世，母氏他适，因改姓白，号琼琯。天资聪颖绝伦，龆龀时能背诵六经。年十岁，自海西来广城，应童子试，主司命赋织机诗，应声吟曰："大地山河作织机，百花如

---

① "死"字原缺，兹据他本补。
② "箍"，底本作"箍"，兹据《道藏》本改。

锦柳如丝。虚空白处做一匹，日月双梭天外飞。"主司意其狂，弗录。遂
拂袖归。年十六，专学仙，毅然就道。遍尝辛苦，严霜冷雨，炎日穷途，
垢面蓬头，血流皮绉。尝自泣曰：何日天开眼乎？复自慰曰：此大事也，
切莫怨尤，我生果有神仙之分，前途自有明师指示，幸而天与残生，受此
饥寒，何足悲哉！年四十二，游东海滨，陈泥丸见而怜之，携归罗浮，授
道要。玉蟾意为容易，泥丸窥之，诫曰：勤而不惰，必遇至人，遇而不
勤，终为下鬼。复命再游数年，吾当候子。如此玉蟾承命辞行，初至黎母
山，遇神人授正清法箓洞玄雷诀。至武当，遇北极驱邪院左判官与讲行施
符法。至青城山，遇老道授《度人经》。于是叫召雷雨，严摄魔精，历遍
名山，备悉艰苦，于是七年。归罗浮复命，泥丸慰曰：学者须如此辛勤，
方能任道也。遂授以丹诀。功成时，年六十四，再入武夷。九年痴坐，然
后出山，自号云外子。文思汪洋，顷数千言，善草书，亦善丹青，尝自写
其容，数笔立就。自赞云：千古蓬头赤脚，一生服炁餐霞，笑指武夷山
下，白云深处吾家。又云：神府雷霆吏，琼山白玉蟾，本来真面目，水墨
写绡缣。后以法授彭鹤林。著有《玉蟾全集》行世。证位紫清殿派神霄辅
元真君五雷演法天尊。

东华演教金莲正宗龙门启派长春祖师开度道院

第一道院	敷化宋真人讳德芳	中年像
第二道院	冲虚张真人讳志素	少年像
第三道院	太元袁真人讳道周	中年像
第四道院	抱朴鞠真人讳志圆	老年像
第五道院	太和尹真人讳志平①	中年像
第六道院	洞明綦真人讳志远	幼年像
第七道院	崇和潘真人讳德冲	老年像
第八道院	抱元赵真人讳德坚	幼年像

① 志平：原本为"平志"，据前后文改。

第九道院	弘道孟真人讳志源	中年像
第十道院	本师葆一王真人讳志明字道纯	老年像
十一道院	守一夏真人讳志诚	幼年像
十二道院	崇真李真人讳志常	幼年像
十三道院	光范郑真人讳志修	中年像
十四道院	保德张真人讳志纯	中年像
十五道院	光教于真人讳志可	老年像
十六道院	太素孙真人讳志坚	中年像
十七道院	洞微何真人讳志清	中年像
十八道院	宣德杨真人讳志静	中年像

龙门正宗同真教谱纪源世系表卷之一

道宗纪源

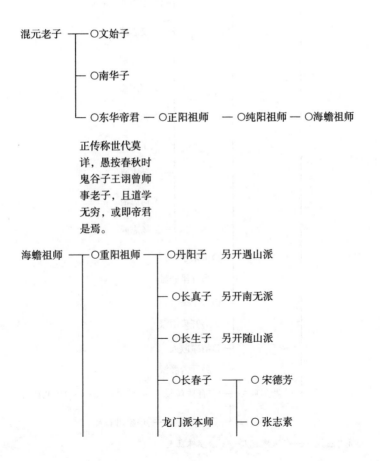

混元老子 ── ○文始子

── ○南华子

── ○东华帝君 ── ○正阳祖师 ── ○纯阳祖师 ── ○海蟾祖师

正传称世代莫
详，愚按春秋时
鬼谷子王诩曾师
事老子，且道学
无穷，或即帝君
是焉。

海蟾祖师 ── ○重阳祖师 ── ○丹阳子　另开遇山派

── ○长真子　另开南无派

── ○长生子　另开随山派

── ○长春子 ── ○宋德芳

龙门派本师 ── ○张志素

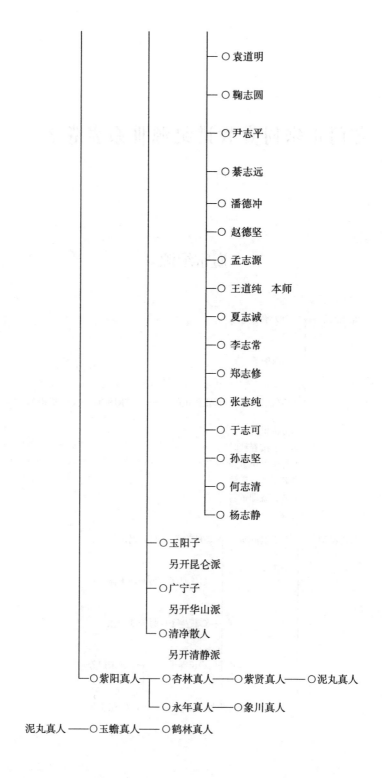

○ 袁道明

○ 鞠志圆

○ 尹志平

○ 綦志远

○ 潘德冲

○ 赵德坚

○ 孟志源

○ 王道纯　本师

○ 夏志诚

○ 李志常

○ 郑志修

○ 张志纯

○ 于志可

○ 孙志坚

○ 何志清

○ 杨志静

○玉阳子
另开昆仑派

○广宁子
另开华山派

○清净散人
另开清静派

○紫阳真人——○杏林真人——○紫贤真人——○泥丸真人

○永年真人——○象川真人

泥丸真人 ——○玉蟾真人——○鹤林真人

南北两宗表

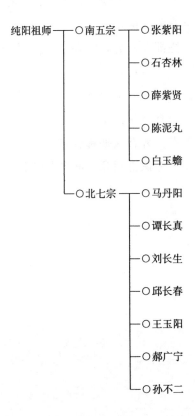

纯阳祖师 —— ○南五宗 —— ○张紫阳

○石杏林

○薛紫贤

○陈泥丸

○白玉蟾

○北七宗 —— ○马丹阳

○谭长真

○刘长生

○邱长春

○王玉阳

○郝广宁

○孙不二

右南北两宗，皆吕祖法嗣也。猗与盛哉！

宋元明时散仙表

　　散仙者，未承道统之职也。附记之，以纪先觉之盛德，以启后人之观感，或可瞻慕进修矣。抱一附识。

刘永年　名广益，字顺理，白龙洞道人。紫阳真人化去七年后，刘晤于王屋山。在虎邱成道。

　　翁象川　名葆光，注《悟眞篇》，坊本多误。

　　彭鹤林　名耜，字季益，三山人，隐居鹤林，著《道阐元枢歌》。

　　宋披云　名珏，字双珏，道号崇广，州人，入青城山得道。

　　张紫琼　名楷，字君范，饶州人。

　　赵缘督　名友钦，饶郡人，为赵宋宗子。作《仙佛同源文》《金丹难问》等书。

　　陈上阳　名致虚，字观吾，至顺时人。有《悟真篇注》。

　　刘樵阳　江西人，著有《樵阳子》。

　　伍守阳　明维摩大夫，著有《仙佛合宗》。

　　右列各仙，俾修真之士识得渊源，可立志以上进也。

龙门正宗同真教谱世系卷之一

世系表

第一世	第二世	第三世	第四世	第五世

王道纯 —— ○李德全 —— ○曹通易 —— ○危玄融 —— ○常静定

第五世	第六世	第七世	第八世	第九世

常静定 —— ○刘真秘 —— ○沈常参 —— ○杨守诠 —— ○冯太初

第九世	第十世	十一世	十二世	十三世

冯太初 —— ○江清源 —— ○金一生 ┬ ○黄阳中 —— ○万来正

　　　　　　　　　　　　　　　　└ ○王阳幻 —— ○黄来衢

十三世	十四世	十五世	十六世	十七世

万来正 —— ○郭复恒 —— ○王本喦 —— ○闵合贤 —— ○郭教真

黄来衢 —— ○程复元 —— ○胡本泰 —— ○徐合成 —— ○屈教高

十七世	十八世	十九世	二十世	廿一世

—○郭教真 ┬ ○徐永虚 ┬ ○盛圆成 ┬ ○汪明善 ┬ ○汪至惠

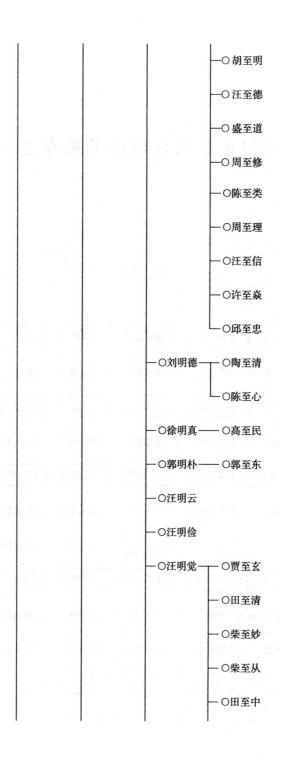

○胡至明

○汪至德

○盛至道

○周至修

○陈至类

○周至理

○汪至信

○许至焱

○邱至忠

○刘明德 ── ○陶至清

　　　　　└ ○陈至心

○徐明真 ── ○高至民

○郭明朴 ── ○郭至东

○汪明云

○汪明俭

○汪明觉 ── ○贾至玄

　　　　　├ ○田至清

　　　　　├ ○柴至妙

　　　　　├ ○柴至从

　　　　　└ ○田至中

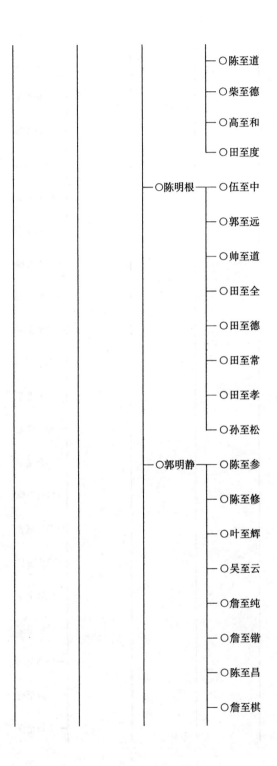

—○陈至道

—○柴至德

—○高至和

—○田至度

—○陈明根——○伍至中

—○郭至远

—○帅至道

—○田至全

—○田至德

—○田至常

—○田至孝

—○孙至松

—○郭明静——○陈至参

—○陈至修

—○叶至辉

—○吴至云

—○詹至纯

—○詹至锴

—○陈至昌

—○詹至棋

———○詹至鼎

———○余至海

———○黄至卿

———○詹至如

———○詹至希

———○郭至中

———○郭至厚

———○蔡至来

———○余至法

———○宋至和

———○宋至华

———○陈至安

———○余至福

———○詹至馨

———○詹至香

———○詹至仁

———○余至亨

———○余至廪

———○孙至巧

———○吴至有

———○张至保

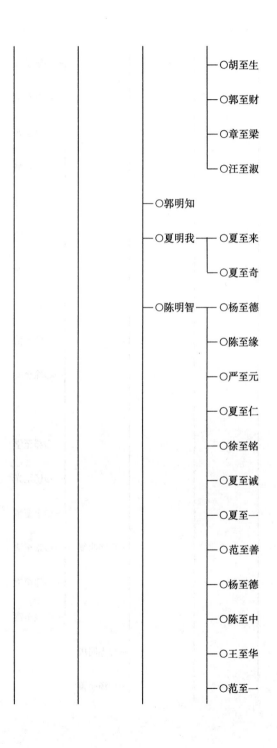

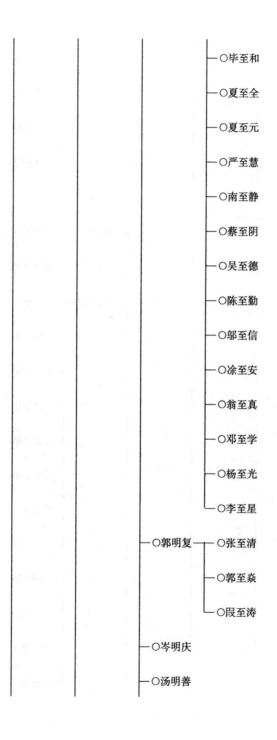

—○毕至和

—○夏至全

—○夏至元

—○严至慧

—○南至静

—○蔡至阴

—○吴至德

—○陈至勤

—○邬至信

—○涂至安

—○翁至真

—○邓至学

—○杨至光

—○李至星

—○郭明复——○张至清

　　　　　—○郭至焱

　　　　　—○段至涛

—○岑明庆

—○汤明善

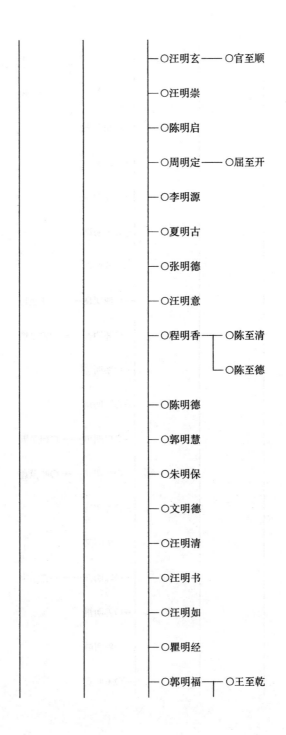

├─○汪明玄──○官至顺

├─○汪明崇

├─○陈明启

├─○周明定──○屈至开

├─○李明源

├─○夏明古

├─○张明德

├─○汪明意

├─○程明香┬○陈至清
│   └○陈至德

├─○陈明德

├─○郭明慧

├─○朱明保

├─○文明德

├─○汪明清

├─○汪明书

├─○汪明如

├─○瞿明经

└─○郭明福┬○王至乾

```
                              ┌─○秦至虔
                              └─○刘至松

        ─○胡明安

        ─○汪明一

        ─○艾明源

        ─○王明德

        ─○苏明性

        ─○谢明良──○谢至善

        ─○郭明吾──○郭至煌

        ─○蔡明绅

        ─○陈明培

        ─○何明可──○何至五

        ─○叶明光──○叶至莲

        ─○郭明清

        ─○牛明义

        ─○郭明知──○郭至宝

        ─○郭明悟

        ─○郭明静

        ─○王明贵
```

—○王明成

—○郭明初

—○蔡明纲

—○汪明玉

—○汪明恕

—○汪明述

—○方明虚

—○汪明毅——○田至奎

—○汪明镜

—○张明中

—○陈明茂

—○章明成

—○王明珩

—○张明超

—○陈明璞

—○詹明祺

—○汪明发

—○范明玉

—○陈明兴

```
                          ─○程明悟

                          ─○陈明虔

                          ─○汪明慧──┬─○朱至礼

                                      ├─○汪至信

                                      ├─○朱至诚

                                      ├─○田至仁

                                      ├─○康至德

                                      ├─○詹至汉

                                      ├─○汪至刚

                                      ├─○邹①至清

                                      ├─○何至煋

                                      ├─○田至元

                                      ├─○田至祥

                                      ├─○田至忠

                                      ├─○邹至彬

                                      ├─○詹至龄

                                      ├─○朱至贞

                                      ├─○操至春

                                      └─○朱至定
```

① "邹"，后文作"邓"，未详孰是。

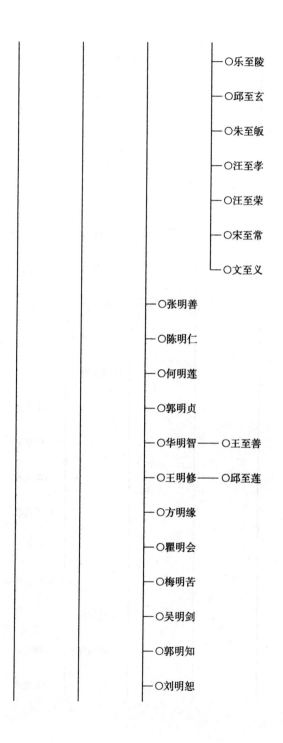

—○乐至陵

—○邱至玄

—○朱至皈

—○汪至孝

—○汪至荣

—○宋至常

—○文至义

—○张明善

—○陈明仁

—○何明莲

—○郭明贞

—○华明智——○王至善

—○王明修——○邱至莲

—○方明缘

—○瞿明会

—○梅明苦

—○吴明剑

—○郭明知

—○刘明恕

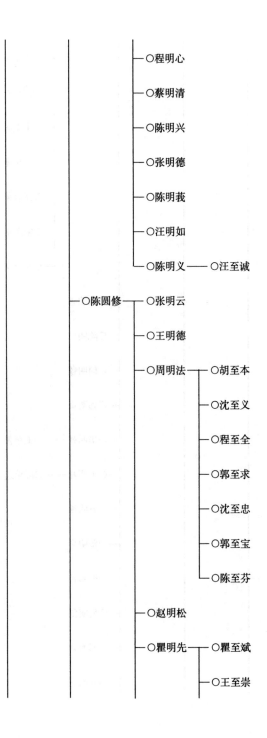

—○范至会

—○龚至荣

—○陈至利

—○王至新

—○王至朝

—○王至升

—○王至成

—○瞿至廷

—○郭至汝

—○龚至教

—○瞿至祖

—○瞿至延

—○陈至元

—○郭至慧

—○范至一

—○夏至全

—○王至恒

—○熊至香

—○瞿至修

○吴至善

○瞿至香

○陈至修

○瞿至芝

○龚至香

○王至礼

○李至滔

○徐至昆

○南至龙

○张至猛

○郭至凤

○王至一

○郭至真①

○郭至明

○瞿至岩

○瞿至长

○柴至德

○瞿至文

○陈至禄

---

① "真"，后文作"贞"，两可。

├─ ○柯明阳 ──┬─ ○胡至开
│   ├─ ○刘至中
│   ├─ ○刘至明
│   ├─ ○袁至光
│   ├─ ○孙至莲
│   ├─ ○袁至桢
│   ├─ ○段至家
│   ├─ ○叶至章
│   ├─ ○胡至修
│   ├─ ○王至云
│   ├─ ○段至一
│   └─ ○段至超
│
└─ ○瞿明俊 ──┬─ ○周至延
             ├─ ○张至缘
             ├─ ○陈至寿
             ├─ ○詹至道
             ├─ ○瞿至启
             ├─ ○瞿至福
             └─ ○郭至刚

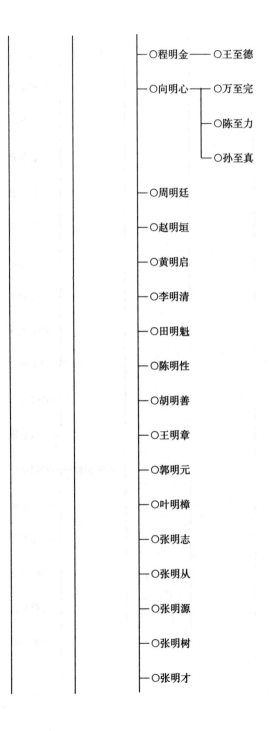

—○程明金 —— ○王至德

—○向明心 —┬○万至完

　　　　　├○陈至力

　　　　　└○孙至真

—○周明廷

—○赵明垣

—○黄明启

—○李明清

—○田明魁

—○陈明性

—○胡明善

—○王明章

—○郭明元

—○叶明樟

—○张明志

—○张明从

—○张明源

—○张明树

—○张明才

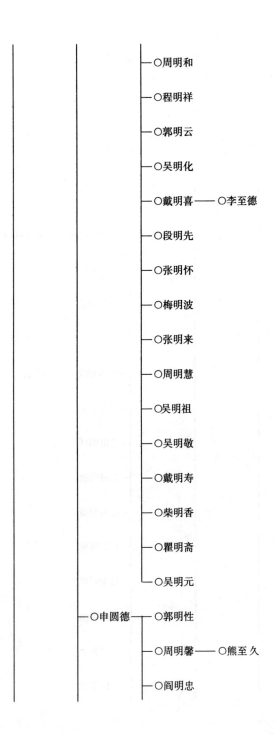

○周明和

○程明祥

○郭明云

○吴明化

○戴明喜——○李至德

○段明先

○张明怀

○梅明波

○张明来

○周明慧

○吴明祖

○吴明敬

○戴明寿

○柴明香

○瞿明斋

○吴明元

○申圆德——○郭明性

○周明馨——○熊至久

○阎明忠

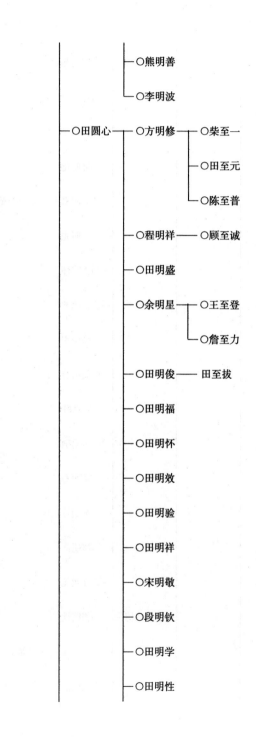

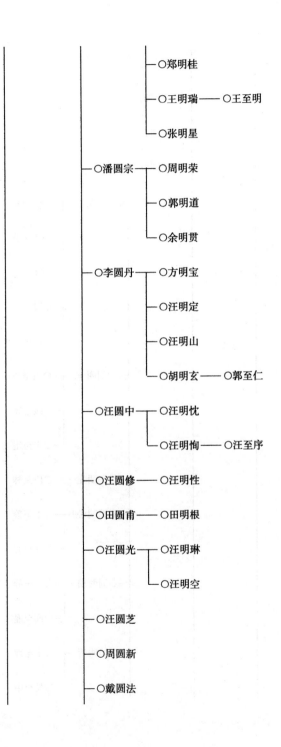

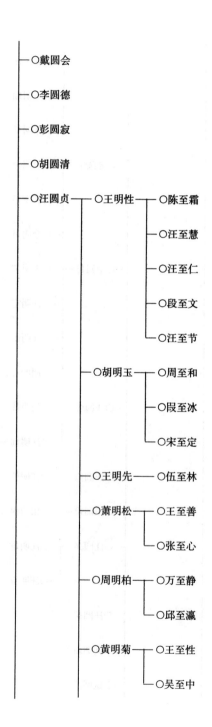

○戴圆会

○李圆德

○彭圆寂

○胡圆清

○汪圆贞 —— ○王明性 —— ○陈至霜

○汪至慧

○汪至仁

○段至文

○汪至节

○胡明玉 —— ○周至和

○段至冰

○宋至定

○王明先 —— ○伍至林

○萧明松 —— ○王至善

○张至心

○周明柏 —— ○万至静

○邱至瀛

○黄明菊 —— ○王至性

○吴至中

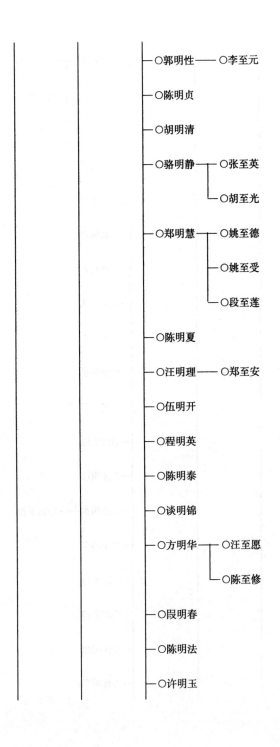

─○郭明性──○李至元

─○陈明贞

─○胡明清

─○骆明静──○张至英
        └○胡至光

─○郑明慧──○姚至德
        ├○姚至受
        └○段至莲

─○陈明夏

─○汪明理──○郑至安

─○伍明开

─○程明英

─○陈明泰

─○谈明锦

─○方明华──○汪至愿
        └○陈至修

─○段明春

─○陈明法

─○许明玉

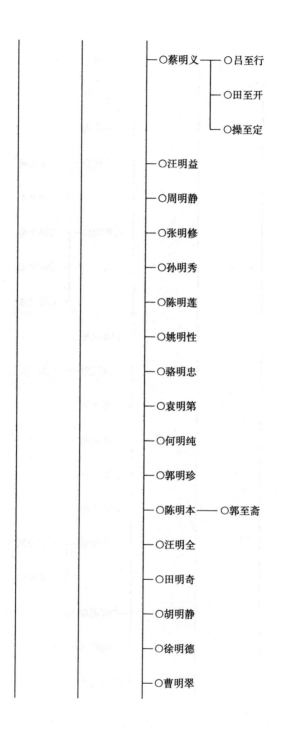

○蔡明义 ——— ○吕至行

　　　　　　├ ○田至开

　　　　　　└ ○操至定

○汪明益

○周明静

○张明修

○孙明秀

○陈明莲

○姚明性

○骆明忠

○袁明第

○何明纯

○郭明珍

○陈明本 ——— ○郭至斋

○汪明全

○田明奇

○胡明静

○徐明德

○曹明翠

—○方明显

—○邓明志

—○张明棣

—○文明顺

—○张明菊

—○田明春

—○吴明芳

—○张明廉

—○范明全

—○孙明心

—○顾明莲

—○刘明林

—○周明莲

—○范明孝

—○鲁明禄

—○叶明智

—○张明贤

—○裴明淑

—○张明巧

├─○邓明性

├─○祝明莲

├─○周明德

├─○张明悟

├─○田明香

├─○邓明心

├─○孙明广

├─○梅明正

├─○吴明一

├─○方明因

├─○姜明英

├─○叶明九

├─○张明义

├─○张明秀

└─○邓明修

├─○胡圆慧

├─○陈圆贞

├─○孙圆华

└─○汪圆莲──○张明规

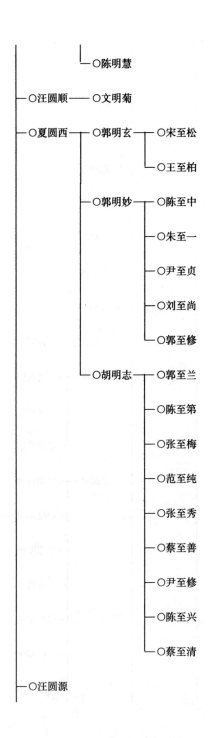

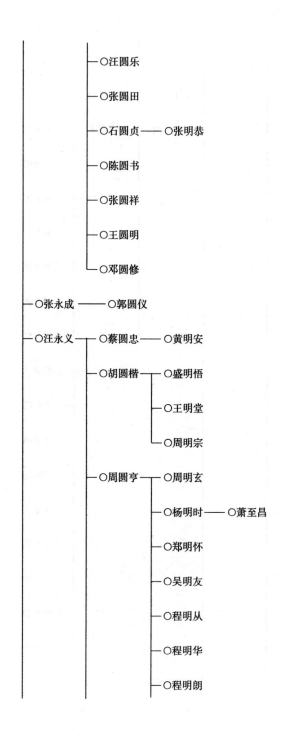

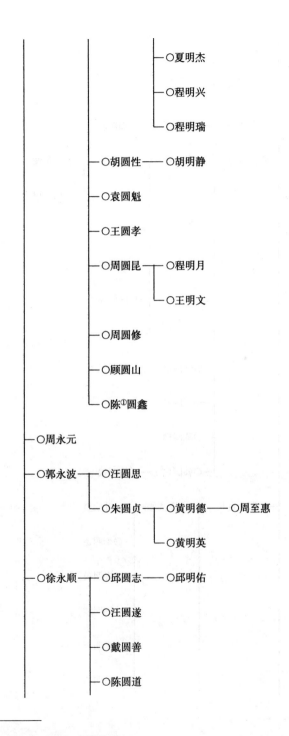

———

① "陈"，后文作"程"，未详孰是。

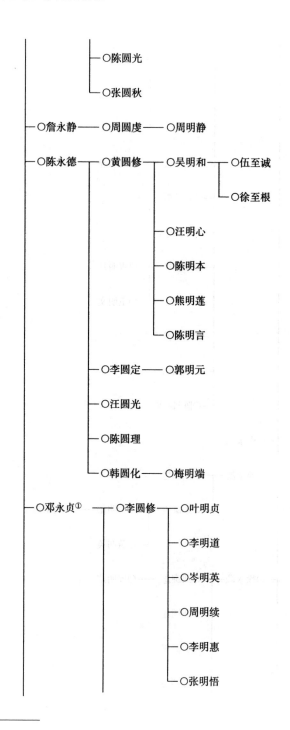

———

① "贞",后文作"真",两可。

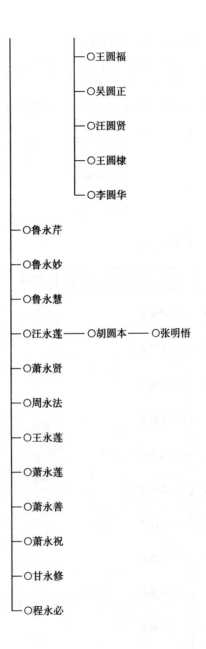

○王圆福

○吴圆正

○汪圆贤

○王圆棣

○李圆华

○鲁永芹

○鲁永妙

○鲁永慧

○汪永莲 —— ○胡圆本 —— ○张明悟

○萧永贤

○周永法

○王永莲

○萧永莲

○萧永善

○萧永祝

○甘永修

○程永必

王阳幻真人房程复元祖门徐合成师支下

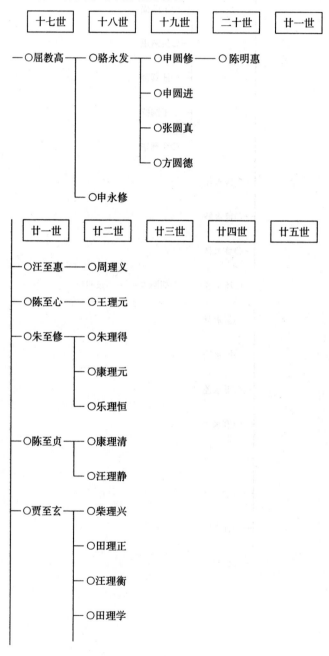

十七世	十八世	十九世	二十世	廿一世

—○屈教高 —○骆永发 —○申圆修 —○陈明惠

○申圆进

○张圆真

○方圆德

○申永修

廿一世	廿二世	廿三世	廿四世	廿五世

○汪至惠 —○周理义

○陈至心 —○王理元

○朱至修 —○朱理得

○康理元

○乐理恒

○陈至贞 —○康理清

○汪理静

○贾至玄 —○柴理兴

○田理正

○汪理衡

○田理学

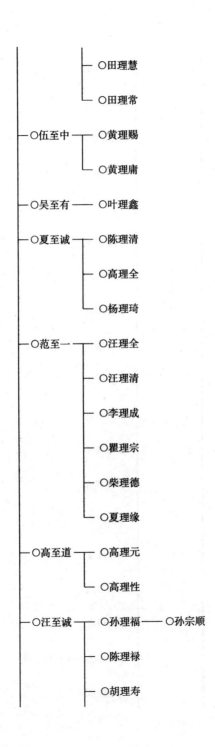

○田理慧

○田理常

○伍至中 —— ○黄理赐

○黄理庸

○吴至有 —— ○叶理鑫

○夏至诚 —— ○陈理清

○高理全

○杨理琦

○范至一 —— ○汪理全

○汪理清

○李理成

○瞿理宗

○柴理德

○夏理缘

○高至道 —— ○高理元

○高理性

○汪至诚 —— ○孙理福 —— ○孙宗顺

○陈理禄

○胡理寿

○汪理星

○张理慧

○张理明

○齐理静

○陈理元 —— ○陈宗献

○廖理先

○廖理修

○孙理清

○孙理贤

○陈理悟

○刘理通

○陈理智

○吴理善

○余理安

○孙理金

○王理识

○王理贞

○陈理达 —— ○汪宗承

○胡理从

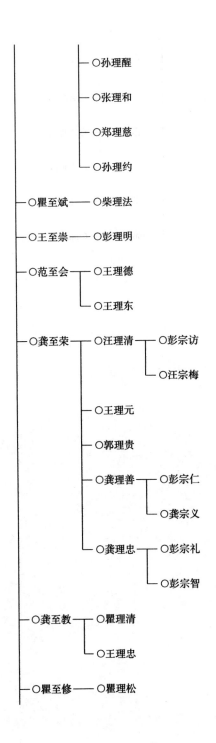

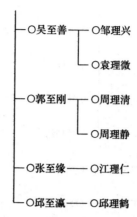

```
┌─○吴至善──┬─○邹理兴
│          │
│          └─○袁理微
│
├─○郭至刚──┬─○周理清
│          │
│          └─○周理静
│
├─○张至缘───○江理仁
│
└─○邱至瀛───○邱理鹤
```

龙门正宗同真教谱卷一下

龙门正宗同真教谱世传卷之一　　自道字派至明字派

第一世

道纯王大真人

师讳志明，法派名道纯，谥号葆一真人。山东济宁县上奎乡人氏，生于元泰定元年甲子三月初十日辰时。中年礼长春邱祖为师，励志宏教，开衍第十支道院。于明永乐二年甲申五月十九日亥时羽化，寿年八十一岁。

第二世

德全李大真人

师广东南海县上三都小阳村人氏，生于元至正二年壬午八月十五日酉时。礼道纯祖为师。于明宣德五年庚戌六月三十日酉时羽化。

第三世

通易曹大真人

师湖北宜昌府宜都县凤里河固阳村人氏，生于明洪武六年癸丑七月初七日子时。礼德全祖为师。于明英宗正统五年庚申六月十六日辰时羽化。

第四世

玄融危大真人

师湖南常德府桃源县朗江城书院村人氏，生于明洪武二十一年戊辰十二月三十日午时。礼通易祖为师。于天顺①元年丁丑正月十五日羽化。

第五世

静定常大真人

师山东兖州府泗水县泗水村人氏，生于明宣德元年丙午二月十五日酉时。礼玄融祖为师。于明孝宗弘治十三年庚申五月初五羽化。

第六世

真秘刘大真人

师湖北荆州府枝江县江河容镇人氏，生于明正统元年丙辰正月初一日辰时。礼静定祖为师。于嘉靖元年壬午八月初一日辰时羽化。今江河容镇尚有六祖观。

第七世

常参沈大真人

师云南洱源景谷县第一奎沙河坪沈村人氏，生于明天顺二年戊寅九月初九日子时。礼真秘祖为师。于隆庆六年壬申二月初三日羽化。

---

① "天顺"，原文为"顺天"，兹据文意改。

第八世

守诠杨大真人

师安徽宁国府宣城县四家渡小阳村人氏，生于明嘉靖二年癸未六月初十日未时。礼常参祖为师。于万历三年乙亥五月初五日羽化。

第九世

太初冯大真人

师湖北黄州府黄梅县杨林村人氏，生于明嘉靖二年癸未五月初六日酉时。礼守诠祖为师，宏扬宗风，有功道教，创修龙门正宗第十支同真教谱。于明崇祯十年丁丑三月初十日羽化①。享寿一百一十五岁。

第十世

清源江大真人

师四川成都府华阳县上十奎人氏，生于明天启二年壬戌八月十五日酉时。礼太初祖为师。于清雍正年甲辰九月十九日午时羽化。

十一世

一生金大真人

师湖北荆门州远安县鸡子洞近村人氏，生于明天启元年辛酉二月初三日子时。年二十五人洞，皈龙门正宗，礼清源祖为师。修养数年后，朝武当，蒙玄帝指示根源，得受教外别传。至太子坡，见庙宇倾颓，契结道侣，重修阆宫，遍新金容。立志归隐证果。后接度黄正色、王觉悟。

---

① "羽化"二字原缺，兹据文意补。

十二世

阳中黄大真人

师名正色，字美中，寓居武昌县，回籍蕲水县。生于明万历四十四年丙辰三月十五日。崇祯丙子科举于乡，旋授芜湖县令。冰檗自矢，不可干以私，素性冲淡，不久即赋遂初。绝爱林麓之胜，茆屋数间，图书横列，搜讨无虚晷，一二素心，人外萧然，远引而已。师父可久，太夫子字柳溪，幼徙于鄂，为武昌诸生，甘贫力学，壮年遂冲退，弃举子业，与师母吴太孺人偕隐脂山下，精丹经内典医卜诸书，自号出尘道人。好游匡庐溢浦齐云，破额木兰之巅，皆寄迹焉。师禀庭训，幼即有出世之志。迨明鼎改革，怀忠义之愤，遂潜隐之心，乃更黄冠鹤氅，遥礼金大真人为师。然师早得至道真诀，另设黄坛，别演教外玄宗。师子祥远，能诗。孙峦，皆能清苦自立，不坠道素家声。师于清康熙年间归真证果。为太上宫主管文衡，接度后学盛众。

阳幻王大真人

师名觉悟，号了缘子，湖北施南府利川县人，生于清乾隆己丑年甲戌月丁酉日壬寅时。礼金祖为师。后住持长沙府湘潭县城慈慧庵，阐教甚盛。于清嘉庆十九年六月十三日羽化。葬庵右侧，艮山坤向。传徒三[①]：来缘、来恩。

十三世

来正万大真人

师字正德，原籍四川人，寓居蕲水有年。清康熙时代人，来蕲时年约百余岁。性和霭淡泊，体行至道，接度原人，暗受黄真人金丹妙诀，大阐玄风，为当代教外宗师，有承先启后之任。后隐居海外，接度后学盛众。

---

① 底本为"三"，此处照录。

来衢黄大真人

师号贯阳子，长沙府湘潭县人，生于清乾隆甲申年十月十八日巳时，于嘉庆丙子年七月初三日未时羽化，葬湘潭慈慧庵前右手路下，丑山未向。徒子五：复升、复明、复海，常住庵中，未外开衍；惟复元、复庆，至蕲州开支衍绪。

十四世

复恒郭大真人

师名炳恒，字纯五，四川重庆府荣昌县人，生于清嘉庆年代，道号时。礼正德祖为师，曾致成祥善坛，大阐玄风，接度后学盛众。后遭考，自拔灵根回天。

复元程大真人

师号修持，长沙府醴陵县孙祖殿社人，生于清嘉庆四年己未四月二十六日亥时。甲戌年八月望日出家于慈慧庵，礼衢为师，引师李正南。道光丁未在庵，接徒朱本如。咸丰元年朝南海，转居蕲州乌峰寺，批住会龙庵。咸丰十一年八月十一日巳时，被匪难脱化，享寿花甲重二，葬会龙庵后山左手，子山午向。接徒子十二：范本林、胡本泰、胡本愿、胡本贵、黄本华、李本发、祝本源、骆本志、骆本修、韦本善、游本根，女徒陈本慧。

赞曰：程途迢远，复阐蕲春。元初衍绪，囊贮来因。仙游返朴，未示宗乘。嗣派蕃昌，重添裔丁。星散不一，何别枝根。道源刷本，三修列名。

徒孙卢合霖顿撰

十五世

本嵒王大真人

师字大罗，河北关内人。生世年代未详，然道貌于七十年岁许。道躬魁梧，精神矍铄，身披百衲，有白云仙鹤之表，难以世上清修者拟。云游至浠水枣儿茨岭路，遇闵合贤，以目视贤，光照如电，闵惊异为神，信为天人降世。叩其所由，答曰：来自致成祥善坛。乃拜求留驾。遂驻云于三角山龙洞寺。行止如常人，暗以先天大道真诀授闵，嘱其远隐。且炼外丹，霞光烛天，徒众共睹，屡显神化玩世，以警愚昧。居两月之久，遂云游嵩山，莫知所终，殆犹神龙见首不见尾矣！

本泰胡大真人

师蕲春永福下乡新安里小口保合奉山社人，生于清道光乙酉年十二月初九日巳时。咸丰乙卯年出家于会龙庵，礼复元为师。后住浠水黄家畈仙马寨天佛宫。于清光绪十九年癸巳五月初三日子时羽化，葬宫前王姓山，与本愿同茔，癸山丁向，茔界四至穿心二丈。传徒王合仙、艾合修、徐合成、胡合纯、韩合清、陈合松、许合元、陈合香、卢合霖。

十六世

合贤闵大真人

师字学贤，浠水县闵家新桥畈上湾人，生于清道光□□年□月□日□时。年二十余皈依金丹道门，宏法扬会，及门徒众几及百人。后遇王祖，拜礼为师，密受道妙，遂绝尘缘，修炼有证。于光绪□□年八月十六日巳时坐化。传徒郭教真。

合成徐大真人

师水县人，生于清道光□□年□月□日□时，礼泰为师，服力道务。于光绪□□年□月□日羽化。传徒屈教高。

十七世

教真郭大真人

师名光，本字良立，号春华，道号养真子，浠水县蔡家河黄水坳湾人。

生于清道光九年己丑十月十二子时。师性温良，行持诚敬，接引后学，善诱循循，有九还七返之功，抱希贤希圣之志，静定四十余载，终证选佛场中。于清光绪三十一年乙巳六月十五日子时坐定，三日归神。葬黄土坳住屋右首回龙顶，乾山巽向兼戌辰。

嗣法子：徐永虚、张永成、汪永义、徐永顺、周永元、郭永波、詹永静。

坤徒子：陈永德、邓永贞、鲁永芹、鲁永妙、鲁永慧、汪永莲、萧永贤、萧永祝。

皈依子：甘永修、周永法、王永莲、萧永莲、萧永善。

教高屈大真人

师秭归原籍，寄居浠水。生于清道光□□年□月□日，礼合成为师。于□月□日羽化。

十八世

徐永虚真人

师名静虚，字少和，浠水县蕲阳坪庙后湾人，生于清同治五年丙寅十一月二十八日□时。师性至孝，事母承志，人无间言。素志大道，礼教真郭祖为师，内外兼修，宏扬玄学，功果纯熟，上受黄祖正色真人暗里传真，重设黄坛，振兴道教。于民国二年癸丑六月二十四日午时羽化，葬三角山龙斗紫陈家庵右首白虎山，子山午向。

嗣法子：盛圆成、陈圆修、申圆德、田圆心、潘圆宗、李圆丹、汪圆中、汪圆修、田圆甫、汪圆光、汪圆芝、周圆新、戴圆法、戴圆会、李圆德、彭圆寂、胡圆清。

坤徒子：汪圆贞、胡圆慧、孙圆华、汪圆莲、汪圆顺、夏圆西、石圆贞。

皈依子：汪圆源、汪圆乐、张圆田、陈圆书、王圆明、邓圆修。

张永成真人

师字义成，浠水县闵家新桥张家湾人，生卒葬未详。礼郭真为师，勤修广化，善扬宗风，见信于人，克和厥世。接引坤徒郭圆仪。

汪永义真人

师字志义，浠水县兰溪上堤人，生于清咸丰十年庚申六月二十五卯时。年二十余礼郭真为师，尽心侍奉，曲体其微，屡捐家业作道侣寝食资，不啻家为道院矣。俟郭真羽化奉安后，归隐三角山玉泉观，复创建清虚宫。于民国二十一年壬申二月二十九卯时羽化，葬羊角尖清虚宫右手，丑山未向，有碑。

传徒：蔡圆忠、胡圆楷、周圆亨、胡圆性、袁圆魁、王圆孝、周圆昆、周圆修、顾圆山、程圆鑫。

徐永顺真人

师名道仁，浠水蕲阳坪徐家湾人，生于清咸丰元年辛亥三月十二日午时。礼郭真为师。卒于民国十六年丁卯十月三十日巳时，葬徐氏祖山，戌山辰向，有碑。传徒邱圆志、汪圆遂、戴圆善、陈圆先、张圆秋。

周永元真人[①]，师字子元，浠水闵家新桥周家仓湾人。礼郭真为师。生卒葬未详。

郭永波居士，师字南波，浠水艾家坳郭家湾人。礼郭真为师，随侍勤恳。生卒葬未详。传坤徒朱圆贞。

詹永静，教真祖之徒子，生卒未详，葬浠水羊角桥周仙姑庙后山。传徒周圆庹。

陈永德元君，教真祖之坤徒子，浠水兰溪人，生于清咸丰七年丁巳九月二十九日辰时。入山修道，清苦可风。于民国二十二年癸酉十一月二十六日午时羽化，葬羊角尖清虚宫下手，丑山未向，有碑。传徒黄圆修、李

---

① "周永元真人"以下诸位道士的生平，限于篇幅，不再单立标题。

圆定、汪圆光、陈圆理。皈依子韩圆化。

邓永贞元君，教真祖之坤徒子，浠水兰溪邓家畈人，生于清同治元年壬戌八月初二三日巳时，卒于光绪二十八年壬寅十一月初八日巳时，葬兰溪邓家畈谈家湾莲花山，有碑。传徒李圆修、王圆福、吴圆正、汪圆贤、王圆棣。

鲁永芹元君，师字芹之，浠水枣儿茨岭鲁家壁湾人，生未详。与妹妙修、慧之同礼教真祖为师。于清光绪十四年戊辰三月初九日巳时羽化。

鲁永妙元君，师字妙修，生未详。与姊芹之、妹慧之同礼郭祖教真为师。于清光绪二十三年丁酉三月初七日辰时跌坐仙逝。曾先期化身于黄冈新洲显应救难。

鲁永慧元君，师字慧之，生未详。与姊芹之、妙修同礼郭祖教真为师。于清光绪二十六年庚子二月二十八日亥时羽化，俱葬浠水童家凉亭西龙王紫，乾山巽向，兼亥巳三分。

汪永莲元君，生卒未详，出家清虚宫。传徒胡圆本。

萧永贤，浠水连二塘萧家湾人，生于清道光三十年庚戌十二月二十九日巳时，卒于光绪三十二年丙午九月十四日亥时，葬未详。

周永法，浠水羊角桥人，生于咸丰十年三月十六日申时，卒于宣统辛亥年十月二十三日寅时。

王永莲，浠水四马畈人，生于咸丰庚申年十月二十七日午时，卒于光绪丁未年五月初八日未时。

萧永莲，浠水蕲阳坪人，生卒未详。

萧永善，浠水蕲阳坪人①，生于光绪六年九月初六日辰时。

萧永祝元君，溪水洪家社屋人，生于清咸丰四年甲寅十月十二日亥时，卒于光绪三十二年丙午九月初一日卯时，葬俗家山，乙山辛向。

甘永修居士，师字真修，浠水兰溪邓家畈人，教真祖之皈依弟子，生于光绪六年庚辰正月二十五日子时。

程永必，字正发，浠水查儿山中湾人，生于道光三十年庚戌正月初八日辰时，卒于民国七年十二月初八日戌时，葬于朱杨河中湾屋后船石湾右

---

① "人"字原缺，兹据文意补。

侧,与母同茔,辛山乙向,有碑。

陈永江,又名永意,字注之,生于道光甲辰年正月二十八日亥时,卒于宣统庚戌年十二月二十九日戌时,葬住屋青龙紫,寅申兼艮坤向。

徐合成门屈教高师支下

骆永发真人,师浠水县骆家桥村人,生于咸丰元年辛亥十一月二十日。出家太子庙,礼教高屈祖为师,后住持蕲阳坪太上宫。卒于民国三年正月二十二日辰时,葬本宫门首,酉山卯向,有碑。传徒申圆修、申圆进、张圆真、方圆德。

申永修真人,师浠水兰溪竹林墩人,生于咸丰四年甲寅十月十四日亥时,礼教高为师。卒于民国十年辛酉正月二十五日辰时,葬金轮寺左侧锅塘后,亥山巳向,有碑。

永虚徐祖门下

十九世

盛圆成真人,师字丹成,浠水县羊角桥七里冲人,生于清光绪元年乙亥正月初八日午时。师先礼骆师,旋云游国内名山,得炼神异诀。后回乡,再礼虚祖为师,潜修先天大道,闭语数载,后遥承正色黄大真人暗传正法,得成妙果。游行觉世,感悟良多,德行详别传及赠序。于民国二十一年八月二十四日辰时羽化,葬羊角尖清虚宫右手,丑山未向。同邑举人瞿灵撰有墓志。

传徒子:汪明善、刘明德、徐明真、郭明朴、汪明云、汪明俭、汪明佑、涂明彬、王明然、汪明觉、陈明根、郭明静、夏明我、陈明智、郭明复、岑明庆、汤明善、汪明玄、汪明崇、陈明启、周明定、李明源、夏明古、张明德、汪明意、程明香、陈明德、郭明慧、朱明保、文明德、汪明清、汪明书、汪明如、瞿明经、郭明福。

皈依子:胡明安、汪明一、艾明源、王明德、苏明性、谢明良、郭明吾、蔡明绅、陈明培、何明可、叶明光、郭明清、牛明义、郭明知、郭明悟、郭明静、郭明初、蔡明纲、王明贵、王明成、汪明玉、汪明恕、汪明述、方明虚、汪明毅、汪明镜、张明中、陈明茂、章明成、王明珩、张明超、陈明璞、王明礼、王明德、顾明阳、方明向、郭明才、郭明玄、田明止、夏明静、柴明成、郭明六、张明机、张明妙、田明心、陈明恒、余明焕、郭明新、詹明祺、汪明发、范明玉、陈明兴、吴明剑、郭明知、郭明月、汪明惠、刘明恕、程明心、蔡明清、陈明兴、张明德、汪明慧、陈明义。

皈依坤子：张明善、陈明仁、何明莲、郭明贞、华明智、王明①修、方明缘、瞿明会、梅明苦、陈明莪。

陈圆修真人，师字正宏，浠水县戴家洲江口人，生于清同治三年甲子六月二十三日申时。礼永虚祖为师，入山修道，且善易筋骨，医活甚众，重建羊角尖太清观，巍峨壮丽。于民国三十年辛巳正月二十二日巳时羽化，葬羊角尖清虚宫右首方田上，子山午向，有碑。

传徒子：张明云、王明德、周明法、赵明松、柯明阳、程明金、向明心、周明庭、赵明垣、黄明启、李明清、田明魁、陈明性、胡明善、瞿明先、王明章、戴明寿、柴明香、瞿明斋、瞿明俊。

皈依子：郭明元、叶明璋、张明志、张明从、张明源、张明树、张明才、张明和、程明祥、郭明云、郭明禄、张明乃、张明怀、梅明波、戴明喜。

坤徒子：郭明寿、吴明祖、吴明敬。

陈圆松，蕲春老姥冲人，生于光绪十一年四月十七日寅时。

申圆德真人，师字修德，浠水县六神港竹林墩人，生于清光绪五年己卯十一月初七日亥时。看淡世情，礼永虚祖为师，入山修道，住持金轮寺，不坠宗风。于民国二十九年庚辰九月初六日酉时羽化，葬金轮寺后山右角，酉山卯向。传徒子：郭明性、周明馨、阎明忠、熊明善。

田圆心真人，师字少屏，一号少阳，蕲春县大同乡田六湾人，生于清同治六年丁卯四月初八日亥时，宣统辛亥于太清观礼永虚祖为师，随师居修，晚年改建陈家庵，住持有手。于民国二十六年丁丑四月二十七日戌时

---

① "明"字原缺，据上下文补。

羽化，葬刘家山蔡家湾蛇形乾山巽向，有碑。徒传子：方明修、程明祥、田明盛、余明星。皈依子：田明俊、田明福、田明怀、田明效、田明验、田明祥、宋明敬、叚明钦、田明学、田明性、王明瑞、郑明桂、张明星。

潘圆宗大师，师字正宗，号汝明，浠水刘家铺人，生于清光绪元年乙亥二月二十四日巳时。年三十，看空世情，礼永虚祖为师，入山修养，住持天云武圣宫。有助宗教，力行公益。传徒子周明荣、郭明道。

李圆丹真人，师字丹甫，江苏江宁县淳化镇人，作商于浠城，见永虚祖道德尊崇，遂礼为师，住持玉台山张忠靖王庙，潜心修养，且善诗词，后回原籍。传徒子：方明宝、汪明定、胡①明山。坤徒子：胡明玄。

汪圆中居士，师官名洪清，字瑞安，清岁进士，蕲春六溪冲汪家湾社人，生于清咸丰十年庚申正月二十四日寅时。礼虚为师，居家修养。于民国十四年乙丑二月二十五日戌时羽化，葬汪氏祖山，坤山艮向，有碑。传徒子：汪明慧、汪明忱、汪明恂。

汪圆修居士，师官斗枢，字慎吾，清廪膳生，蕲春六溪冲人，生于咸丰五年乙卯十月初六日辰时，皈依虚师学，卒于民国十八年己巳九月初三日亥时，葬马鞍山，艮山坤向。传徒汪明性。

田圆甫居士，师名兆南，字祥甫，道号一阳，蕲春四六湾人，生于清同治十一年壬戌十二月初二日子时。皈依虚师学道。卒于民国十三年甲子二月初三日戌时，葬于俗里。传徒田明根。

汪圆光居士，师字壮猷，蕲春六溪冲人，生于同治十二年癸酉十一月十七日亥时。礼虚为师。卒于民国三年甲寅四月十一日戌时，葬于俗里。传徒子汪明琳、汪明空。

汪圆芝居士，师号洞阳，蕲春汪家条铺人，生于清同治九年庚午二月初六日卯时。皈依虚师学道。卒民国十四年乙丑十月□日□时，葬董家山屋后山，艮山坤向。

周圆新居士，浠水羊角尖桥人，永虚祖之皈依子，生卒葬未详。

戴圆法真人，永虚祖之皈依子，生卒未详。葬三角山陈家庵右手山，南向。

———————————

① "胡"，前文作"汪"，未定孰是。

戴圆会真人，浠水戴家洲人，生于道光十九年己亥五月二十七日。礼虚为师，随山修养。于民国五年丙辰二月十九子时羽化，葬陈家庵砂坵西首，癸山丁向，有碑。

李圆德，浠水花羔石人，生于咸丰七年丁巳二月二十四日巳时。卒于民国十六年十一月十九日午时，葬岑家岭。

彭圆寂真人，号瑞安，浠水南门外圆通庵彭家湾人，生于清光绪七年辛巳十二月二十四日，礼虚为师。于民国二十九年庚辰七月十七日子时羽化，葬陈家庵右首上埂，卯山酉向。

胡圆清，字长青，号守复子，蕲春胡家坝祭祀湾人，虚师之皈依子，生于光绪十六年庚寅十月初九日子时。

汪圆贞师，师幼名宝贞，浠水兰溪上堤人，父韩永义，母邓氏。师出世后不茹腥荤，幼随父听教真郭祖演教说法，隐有所悟，即怀出尘之想。年十五，礼虚为师，得受正法，入山修炼，清苦自甘，住持清虚宫。门徒甚众，诚为坤界玄门一代砥柱。

传徒子：王明性、胡明玉、王明先、萧明松、周明柏、黄明菊、郭明性、陈明贞、胡明清、骆明静、郑明慧、汪明理、伍明开、程明英、陈明泰、谈明锦、陈明清、方明华、段明春、陈明法、蔡明义、汪明益、周明静、张明修、孙明秀。

皈依子：陈明莲、姚明性、骆明忠、袁明第、何明纯、郭明珍、陈明本、汪明全、田明奇、胡明静、徐明德、曹明翠、方明显、邓明志、张明棣、文明顺、张明菊、田明春、吴明芳、张明廉、范明全、孙明心、汪明六、顾明莲、刘明林、周明莲、范明孝、鲁明禄、叶明智、张明贤、裴明淑、张明巧、邓明性、祝明莲、田明香、邓明心、孙明宗、梅明正、吴明一、方明因、姜明英、周明德、张明悟、叶明九。

胡圆慧师，字慧如，蕲春龙目冲人，虚祖之皈依坤子，生于清同治十一年壬戌十月二十二日亥时，子汪植珊。

陈圆贞，蕲春青石乡人，生于咸丰七年丁巳正月初五辰时，卒于民国十九年庚午九月初三日戌时，葬六溪冲汪家湾对山，子山午向。子汪明�恂。

孙圆华师，蕲春大同乡河东里孙家冲社人，虚祖之皈依坤子，生于清光绪元年乙亥正月初五日亥时。

汪圆莲元君，浠水绿杨桥汪家湾人，虚祖之坤徒子，生卒葬未详。住持六神港下寺。传徒子张明规、陈明慧。

汪圆顺元君，浠水绿杨桥人，虚祖之坤徒子，生卒葬未详。传徒子文明菊

夏圆西元君，蕲春白水畈杨家山人，生于清道光二十四年六月二十五日午时。夫郭西淮公逝世，师矢志柏舟，礼虚祖为师。一面抚教三子，一面潜心修持，迨子成立，即归身姜家冲大士阁，清苦自励。于清宣统元年己酉三月十七日午时羽化。遗嘱身须缸葬，毋事棺为。逾十年，民国戊午，师子邦炳迎归郭氏祖茔，启视之，身趺坐如初，遂大显神功，祷者辄验，馨香麋地，方人众集，庙祀合盘冲凤凰山麓慈云庵，称为慈容老母云。传徒子郭明玄、郭明妙、胡明志。

汪圆源，字乐源，浠水绿杨桥人，虚祖之皈依子，生于清同治二年癸亥正月初四日吉时，卒于民国十六年丁卯十一月十三日辰时，葬汪家湾右侧。

汪圆乐居士，字乐佑，浠水绿杨桥人，虚祖之皈依子，生于清咸丰三年癸丑九月初九日吉时，卒于民国十一年壬戌正月初六日酉时，与源同茔，有碑。

张圆田，字羽祥，太湖弥陀寺地人，生于清同治十二年癸酉八月初五日卯时，礼虚祖为师。殁未详。

石圆贞，太湖弥陀寺近地人，生于清光绪九年癸未三月三十日子时，礼虚祖为师。

陈圆书，浠水白羊河善人庙人，生于同治十三年甲戌八月二十五日亥时，卒于民国二十八年己卯正月二十九日巳时，葬社屋湾后山，戌山辰向。

张圆祥，字羽祥，太湖弥陀寺地人，生于光绪六年庚辰四月十八日巳时，卒于民国二十二年癸酉十二月十五日辰时，葬白杨柳汪家冲蛇形坐北向南。

王圆明，浠水白羊河善人庙人，生于光绪二年丙子四月初二日巳时，皈依虚祖为师。

郭圆修，浠水六神港人，生于咸丰十年庚申十二月二十九日午时，卒于民国二十一年壬申十月二十九日亥时，葬岑家岭。

永成张祖门下

郭圆仪元君，字淑仪，浠水蔡家河硫磺冲人。生于清同治十二年癸酉十月十四日子时。师应孕时，母荤腥不能入口，出世后，幼即聪颖，见人谈圣贤仙佛事，故辄有悟。入长，礼永成为师，清苦潜修，大澈大悟，于光绪二十八年壬寅十一月初二日子时焚香谢祖先及拜母亲，出堂绕座三匝，结跏趺坐而逝，证果为玄元救劫元君。葬汪郭灵山寺神座下。

永义汪祖门下

蔡圆忠，浠水大嶙山人，生于清光绪六年庚辰五月二十日。出家太清观，礼义祖为师，助理道场，卓有功绩。卒于民国三十三年□月□日□时，葬于俗山。传徒黄明安。

胡圆楷大师，浠水兰溪马家垅人，生于清光绪十六年庚寅六月初一日未时，礼义祖为师，出家于羊角尖太清观。传徒子盛明悟、王明堂、周明宗。

周圆亨师，浠水羊角桥人，生于清光绪二十一年乙未十月二十八日子时，礼义祖为师，出家于太清观。传徒子周明玄、黄明安、吴明友、郑明怀、杨明时。

胡圆性师，蕲春胡家坝祭祀湾人，生于光绪十九年癸巳八月十九日卯时，礼义祖为师，出家太清观。传徒胡明静。

袁圆魁师，浠水袁家墩人，生于光绪二年丙子十二月初五日亥时，礼义祖为师，出家于玉泉观。

王圆孝师，英山瓦寺前人，生于光绪元年乙亥九月二十日丑时，礼义祖为师，居家修静。

周圆昆，浠水下巴河粮米仓思雍社人，生于光绪十五年己丑正月初八日巳时，礼义祖为师。传徒子程明月。

周圆修，名宝修，浠水羊角桥人，义师之坤徒，生于同治六年丁卯正月二十八日申时，卒于民国十六年丁卯十二月初十日亥时，葬在俗。

顾圆山，浠水羊角尖顾家湾人，义师之皈依子，生卒葬未详。

程圆鑫，浠水滥石河人，生于光绪九年癸未二月二十四日寅时，在济佛寺皈依永义为师。

周圆玉，浠水羊角桥人氏，生卒未详。

永波郭祖门下

汪圆思，浠水兰溪人，生未详。

朱圆贞元君，南京人，从夫郭居浠水中石港，波师之坤徒。生于同治十二年癸酉七月初六日辰时，卒于民国二十七年三月二十九日辰时，葬俗山。传徒黄明德、黄明英。

永顺徐祖门下

邱圆志元君，浠水六神港人，出家于太清观，生卒未详，葬太清观右坳，有碑。传徒邱明佑。

汪圆遂，浠水兰溪人，出家于太清观，生卒葬未详。

戴圆善，浠水戴家洲人，生卒未详，葬玉泉观右手，坐东南向西北。

陈圆道，浠水人，生卒未详，葬陈家庵右手埂，壬山丙向，有碑。

陈圆先，浠水戴家洲人，生卒葬未详。

张圆秋。

永静詹师门下

周圆虔，浠水羊角桥人，生于同治九年庚午十二月二十九日戌时，卒于民国二十五年丙子九月十九日寅时，葬周仙姑庙后山。传徒。①

永德陈坤祖门下

黄圆修，蕲春大同乡人，生于同治九年庚午九月初二日巳时，出家于清虚宫。卒于民国二十九年庚辰六月初八日戌时，葬张家塝对面河仁泽祠后山左手，辛山乙向，有碑。传徒吴明和、汪明心、陈明本。

李圆定元君，浠水六神港人，生于同治七年戊辰二月二十五日巳时，出家于清虚宫。卒于民国二十三年甲戌十一月初八日未时，葬清虚宫下

---

① 原本"传徒"后无人名，此处照录。

首，丑山未向。传徒子郭明元。

汪圆光，蕲春安乐坛人，生于同治二年癸亥九月十三日酉时。

陈圆理，生于同治十一年壬申十一月二十一日亥时，卒于民国十八年己丑四月十五日寅时，葬在俗。

韩圆化，蕲春大同乡河西里曹家方社人，生于同治十一年壬申四月初五日寅时，卒于民国二十九年五月二十七日申时。传徒梅明端。

永真邓坤祖门下

李圆修，一名圆正，浠水六神港竹林墩人，生于咸丰四年甲寅十二月十三日辰时，出家于清虚宫。卒于民国十一年壬戌正月二十六日戌时，葬莲花山东北盛家湾，癸山丁向。传徒子叶明真、李明道、岑明英、周明续、李明惠、张明悟。

王圆福，蕲春龙叚冲人，生于光绪十四年戊子正月十一日巳时。

吴圆正，浠水长岭岗人，生于同治六年丁卯五月二十日辰时，出家于清虚宫，卒于民国三十二年癸未五月二十九日亥时。

汪圆贤，蕲春汪家坝人，真师之皈依子，生于光绪十七年辛卯六月二十一日辰时。

王圆棣，浠水下罗田艾蒿垅人，永真师之皈依坤子，周大松之母，生卒葬未详。

李圆华，浠子，生于咸丰四年二月初二日酉时，卒于民国十一年正月二十七日戌时，葬风树庙上首，坐东向西。礼邓永贞君为徒。

永莲汪坤师门下

胡圆本，生于咸丰七年丁丑三月十八日亥时，卒于民国二十二年癸酉八月二十二日，出家清虚宫。

永发骆祖门下

申圆修，浠水永福乡竹林墩人，生于光绪九年癸未三月二十三日巳时，卒于民国十七年戊辰七月初一日亥时，葬金轮寺后山右侧，辛山乙向，有碑。传徒子陈明惠。

申圆进，浠水竹林墩人，生于光绪十九年癸巳六月十七日亥时。

张圆真，浠水造册桥人，生于光绪六年庚辰正月十四日辰时，卒于民国十八年正月初七日寅时，葬蕲阳坪大仙庙右侧，亥山巳向，有碑。

方圆德，浠水六神港上首藕塘角人，生年未详，葬金轮寺后山右角，有碑。

胡圆洲，生于同治十年十二月二十日辰时，卒于民国三十二年二月初三日戌时。

虚祖圆成盛师门下

二十世

汪明善，浠水羊角桥人，生于光绪三年丁丑十二月二十八日辰时，礼成为师。现住放鹤山房。传徒子汪至慧、胡至明、汪至德、盛至道、周至修、陈至类、周至理、汪至信、许至焱。坤徒邱至忠。

刘明德，黄冈下五乡龙潭社辛冲镇人，生于光绪九年癸未正月初四日巳时，出家太清观，羽化于民国二十九年庚辰十一月二十日巳时，葬黄冈晏公行上坡，乙山辛向兼卯酉。

徐明真，浠水左家冲人，生于光绪七年辛巳四月初一日亥时，羽化于湖北省长春观，期未详，葬洪山宝通寺对面山，坐东向西。传徒高至民。

郭明朴，字思朴，号飞龙，浠水蔡家河秋六坳栖贤庄人，生于光绪二十五年己亥三月初三日辰时。随师参访普陀、九华、匡庐诸名胜，聆教之下，多所颖悟，颇称道场良材，若能真诚精进，将来造就未可限量矣。传徒郭至东。

汪明云，字云清，生于光绪十二年丙戌三月十八日辰时，卒未详，葬玉泉观山。

汪明俭，字恭俭，生于光绪十五年己丑五月二十日辰时，卒葬未详。

汪明佑，字佑清，生于光绪十二年丙戌十一月十六日亥时，卒于民国八年己未二月初四日亥时，葬玉泉观右手，巳山亥向。

涂明彬，汉阳县人，生卒葬未详。

王明然，原名然德，号翠阳，蕲春崇居乡人，生于光绪十五年己丑十一月十三日亥时，看透世情，至庐山遍参胜迹。初礼文始宗自明尉师为师，随师结茆庐于金竹坪。隐居有年，再行建造玄妙观，旋梦游竹隐疑踪，得见盛师道貌。翌年盛师云游至观，初瞻杖履，与梦符合。遂于民国十年随盛师至羊角尖太清观，转礼盛为师，蒙伸清训，得闻正法，恒毅为心。复于蕲春赵家山建太极观，聿观厥成。炼师秉性方刚，甚为人中药物，宏扬玄风，有功道教，真末世不易觏之道侣也。传徒子：周至和、朱至修、朱至华、康至元、汪至铅、方至东、汪至坚、方至慧、余至清、王至村。坤徒：陈至贞、吴至平。

汪明觉，字云贵，道号得阳，蕲春叶家山人，生于光绪十四年戊子十月二十一日午时，出家太清观，旋住持泽仁祠。事母至孝，善体亲心，母逝，庐墓三年，哀毁尽礼，堪以风世。传徒贾至玄、田至清、柴至妙、柴至从、田至中、陈至道、柴至德。坤徒高至和、田至度。

陈明根，字善兴，道号得阳子，浠水白羊河栗子园人，生于光绪三十年甲辰十二月初四日亥时，出家太清观，礼成为师。人性谦恂，为道务不辞劳苦，诚不愧先世良善之后，抑为现时载道之器。住持蕲春滴水岩廷寿庵。传徒伍至中、帅至道。皈依子郭至远、田至全、田至德、田至常、田至孝、孙至松。

郭明静，字松亭，名衍贵，号德全，道号静松子，蕲春芭茅街合盘冲郭中湾人，生于光绪二十二年三月十二日申时，住合盘冲慈云庵。慕道心切，参访殷勤，民国己巳年访道至羊角尖太清观出家，礼成为师。力倡宗教，茹苦数年，尝施药以济人。了悟先天，能烛幽隐，信仰者众，为黄坛柱石，建筑太极观，立功尤大。皈依子：陈至参、陈至修、叶至辉、吴至云、詹至纯、詹至锗、陈至昌、詹至棋、詹至鼎、余至海、黄至卿、詹至如、詹至希、郭至中、蔡至来、余至法、余至福、陈至安、詹至馨、詹至仁、余至亨、余至廪、孙至巧、郭至厚、张至忍、张至保、胡至生、郭至财、章至梁。传徒吴至有。

夏明我，字思我，号利川，浠水南门外新城人，生于光绪十六年庚寅二月十六日子时，赋性精明，处事坚毅，且善医卜，精地理，勤树艺，护持道场，具有大无畏精神焉。

陈明智，号尧顺，浠水北乡永乐里新场保福龙社人，生于光绪二十二年丙申十二月初十日寅时，出家太清观，转居白羊河鹦鹉寨广福庵。传徒子：杨至德、陈至缘、严至元、夏至仁、徐至铭、夏至诚、夏至一、范至善、杨至德、陈至中、王至华、范至一、夏至松、范至华、陈至义、曾至仁、陶至敬、陈至光、陈至荣、陈至先、陈至厚。坤徒程至民、高至道、陈至斋、严至芬、王至坤、王至清、杨至静、杨至连、毕至和、夏至全、夏至元、严至慧、南至静、蔡至阴、吴至德、陈至勤、邬至信、涂至安、翁至真、邓至学、杨至光、李至星。

郭明复，浠水中石港人，生于光绪十四年戊子十月十八日子时，卒于民国三十年辛巳七月初四日未时，葬俗家祖山，坐西向东。传徒张至清、郭至荣、段至涛。

岑明庆，浠水六神港人，生卒葬未详。

汤明善，汉阳县人，生卒未详，葬湖北武昌县下花山。

汪明玄，蕲春汪家瓢铺人，生于光绪十四年戊子十二月二十七日，卒于民国三十二年癸未七月初四日，葬在俗。传徒官至顺。

汪明崇，蕲春六溪冲人，生于光绪十六年庚寅七月二十二日寅时。

陈明启，黄冈县汤铺岭人，生于光绪十年甲申十一月初四日寅时。

周明定，字大松，浠水羊角桥人，生于光绪二十一年乙未正月初六日，卒于民国二十七年戊寅九月二十六日，葬在俗祖山。传徒屈至开。

李明源，沔阳张家沟人，生于光绪十五年己丑五月十五日戌时。

夏明古，字思古，号伯寅，浠水弓旗山曹门湾人，生于同治十一年壬申十二月二十九日巳时，卒于民国二十八年己卯正月初五日辰时，葬俗家鲤鱼地，寅山申向。

张明德，字丙离，浠水北乡永乐里蒋家山社人，生于同治十二年癸酉十一月二十日未时，现居泗洣畈三教圣宫养静。

汪明意，字结平，蕲春汪家瓢铺人，生于光绪十四年戊子十二月初十日辰时，卒于民国二十七年戊寅正月初七日辰时，葬俗家细垅，艮山坤向。

程明香，浠水朱杨河人，生于光绪二年丙子十二月初二日辰时，破家捐资，传徒陈至清、陈至德。

陈明德，字行持，号炳安，浠水团陂保土门社陈家大湾人，生于光绪五年己卯十二月十二日未时。

郭明慧，字卓才，蕲春芭茅街合盘冲郭中湾人，生于光绪二十八年壬寅五月十八日辰时。

朱明保，名连保，浠水黄建冲人，生未详，卒于民国六年丁巳月日时，脱葬铸钱冲夜猫湾人行路，坐东向西。

文明德，字调元，号隆古，蕲春大同乡河西里赤山安宁保人，生于光绪三年丁丑正月十一日丑时，遭家不幸，于民国甲寅五月望日弃儒归山，礼盛为师，自撰词曰：不畏难，随遇而安，耐来劳苦受饥寒。还本性，返先天，看空世事断尘缘，一切免纠缠，此生休矣，莫作恶焉。非贪修道做神仙，只望过去生中求忏悔，未来岁月少忧烦，来世脱①生仍作男儿汉。消闲愿，好山好水权且任流连，愁病痴魔一笔删，不以为然，谁以为然。卒于民国十一年八月二十二日亥时，葬文家畈水口仙人见掌，乙辛兼卯酉向。

汪明②清，字宝清，生于光绪六年庚辰十月二十三日亥时，卒于光绪三十一年乙巳二月二十五日未时，葬桂花园，壬山丙向。

汪明书，字书清，生于光绪甲申年九月二十日卯时，卒于光绪戊戌年三月十五日巳时，葬桂花园，寅山申向。

汪明如，字如德，浠水花羔石人，生于光绪十七年辛卯十二月二十七日巳时。

瞿明经，浠水黄土坳瞿家湾人，生于光绪十八年壬辰五月十九日寅时。

郭明福，字伯华，浠水城隍港窑棐人，生于光绪二十二年丙申正月初一日辰时，住石峡寺，传徒王志乾、秦至虔、刘至松。

胡明安，字静安，蕲春大同乡清河冲人，生于光绪十九年癸巳七月十八日巳时。

汪明一，官名绥福，字履之，清廪生，举孝廉方正，蕲春汪家瓢铺人，生于同治二年癸亥十月十八日寅时，卒于民国三十二年十月初五日丑时。葬在俗。

艾明源，字子清，浠水艾家坳人，生卒未详，葬玉泉观右手，坐东向西，有碑。

---

① 底本作"脱"，此处照录。

② "汪明"，底本作"明汪"，兹据文意改。

王明德，浠水巴驿人。

苏明性，字立理，浠水巴河人，卒于民国二十五年丙子三月十七日巳时。

谢明良，名广誉，字子良，浙江绍兴府余姚县谢家塘人，生于□年□月□日□时。

郭明吾，字思吾，号抱一，浠水蔡家河道生庄人，生于光绪十八年壬辰二月十三日寅时。自警曰：有心慕道，无志修行。稍知理解，徒资口胜。虽闻正法，真诚不存。遍参道侣，惭愧实深。伏希法友，时锡规箴。

蔡明绅，名振绅，字六龙，浙江嘉兴县棣浰镇人，生于□年□月□日□时。

陈明培，名根培，字嗣蕃，蕲春崇树乡陈家花屋人，生于光绪十七年辛卯二月二十三日申时。

何明可，字可人，号筱澜，自号了苦道人，黄梅县大河铺人，生于同治十一年壬申四月初二日酉时，卒于民国三十二年九月初一日巳时。

叶明光，字宝山，浠水下巴河人，生于光绪六年庚辰九月初四日辰时，卒于民国二十九年庚辰九月十二日巳时，葬巴河上窑蚌蛤山，坐东北向西南。

郭明清，名叙清，生卒未详，葬雷坛庙后山左手，坐北向南。

牛明义，字忠义，安徽合肥县人。

郭明知，字知白，号拙安，浠水关口何家畈上手人，生于光绪二十二年丙申八月二十日辰时，卒于民国三十二年癸未正月二十日巳时，葬住屋右手。

郭明悟，字郁轩，浠水长岭岗雷坛庙下人，生于同治十三年甲戌十二月初四日亥时，卒于民国三十年辛巳十二月二十八日亥时。

郭明静，字受益，浠水雷坛庙下人，生于光绪二年丙子九月二十三日辰时。

王明贵，字景贵，浠水巴水驿人，生于光绪八年壬午正月二十五日未时，卒于民国三十三年甲申七月十六日亥时，葬张家庙，酉山卯向。

王明成，字景成，巴水驿人，生于光绪二十二年丙申八月十二日巳时。

郭明初，字瑞臣，浠水雷坛庙右列湾人，生卒未详。

蔡明纲，名振纲，浙江嘉兴棣溇镇人。

汪明玉，名效渊，字蕴如，蕲春汪家瓢铺人，生于光绪十四年戊子六月初十日亥时。

汪明恕，字组文，蕲春大同乡改河冲人，生于光绪十八年壬辰正月二十五日丑时。

汪明述，字述明，蕲春大同乡改河冲人，生于光绪十九年癸巳十二月初十日子时。

方明虚，蕲春方家觜人，生于光绪二十三年丁酉二月二十六日亥时。

汪明毅，名树玉，字植珊，蕲春六溪冲汪家湾社人，生于光绪三十年甲辰八月二十一日戌时。

汪明镜，字执平，蕲春六溪冲人，生于光绪三十三年丁未正月初二日亥时。

张明中，太湖弥陀寺地人，生于宣统二年庚戌九月初五日卯时。

陈明茂，字春茂，浠水巴河程家湾人，生于光绪十五年己丑十月十三日寅时，卒于民国三十年辛巳三月二十七日申时，葬葫芦地，甲山庚向。

章明成，浠水城隍港人，生于光绪十八年壬辰三月十六日辰时。

王明玠，字义玠，浠水刘家山人，生于光绪二十年甲午九月初十日亥时。

张明超，号又班，浠水通泰乡姜家河人，生于光绪二十四年戊戌正月二十七日申时。

陈明璞，字知白，号又存，蕲春青山乡陈家坝方家冲人，生于民国二年癸丑三月初六日亥时。

王明礼，浠水巴水駅风虎山下人，生于光绪八年壬午正月二十五日吉时。

王明德，浠水羊角桥王家湾人。

顾明阳，浠水顾家湾人，生于光绪二十六年庚子七月二十三日申时。

方明向，蕲春方家觜人，生于同治四年乙丑正月十一日申时，卒于民国九年庚申二月二十六日午时，葬在俗。

郭明才，浠水蔡家河人，生于光绪九年癸未十一月十二日未时。

郭明玄，浠水蔡家河人，生于光绪十三年丁亥正月十二日卯时。

田明正，名杜田，字轶琴，蕲春大同下乡田六湾人，生于光绪二十七年辛丑十二月十二日亥时。

夏明静，字思静，号少甫，浠水南门外新城人，生于光绪十一年乙酉十二月二十一日寅时。

柴明成，蕲春大同乡柴家山人，生于光绪八年壬午五月十四日午时，卒于民国十二年癸亥十一月初十日亥时，葬在俗。

郭明文，浠水蔡家河人，生于光绪十四年戊子十一月初三日辰时。

张明机，字秀龙，浠水古河人，生于光绪十五年己丑六月二十九日午时，住斗方山八卦洞。传徒汪至月。

张明妙，字秀江，古河人，生于光绪十五年己丑六月二十九日午时，卒于民国三十一年十月十八日子时，葬八卦洞左手山。

田明心，蕲春田六湾人，生于光绪三十年甲辰八月二十六日未时。

陈明恒，蕲春崇居乡木塞山八亩垅人，生于光绪十八年五月十一日巳时。

郭明复，合盘冲郭上湾人，生于光绪□□年□月□日□时。

郭明月，合盘冲郭中湾人，生于光绪三十四年。

余明焕，字灿明，号龙翔，别号蕲阳子，蕲春合盘冲人，生于宣统元年己酉十月二十一日丑时，徒余至元。

郭明新，字开枝，号亚云，蕲春合盘冲人，生于光绪三十四年戊申四月初七日巳时，与焕同礼盛为师，徒郭至璋。

詹明祺，蕲春崇居乡白水畈人，生于光绪十八年壬辰六月初六日午时。

汪明发，字宗法，蕲春六溪冲人，生卒未详。

范明玉，字承玉，浠水范家坳人，生于光绪十三年丁亥三月二十六日子时。

陈明兴，字永兴，浠水白羊河栗子园人，生于光绪二十四年正月二十一日亥时。

程明悟，字幼轩，乱石河人，生于光绪二十四年戊戌十二月初六日戌时。

陈明虔，字福堂，浠水南乡清水崖社人，生于光绪九年癸未二月十七日卯时，卒于民国壬午年，礼成为师。

汪明慧，字巨川，蕲春六溪冲人，生于光绪十六年庚寅九月二十三日卯时，民国十六年因感时变，决志出家，慕盛师道行，五戒精严，传徒甚众，黄坛后起之要人也。传徒朱至礼、汪至信、朱至诚、田至仁、康至德、詹至汉、汪至刚、邓至清、何至煜、田至元、田至祥、田至忠、邹至彩、詹至①龄、朱至贞、操至春、朱至定、乐至陵、邱至玄、朱至畈、汪至孝、汪至荣、宋至常、文至义。

张明善，圆成师之皈依坤子，名静善，浠水张家畈人。

陈明仁，蕲春陈家花屋人，生于同治四年乙丑八月初三日辰时，卒于民国二十七年戊寅十一月十一日巳时，葬田六湾仰天窝。

何明莲，名步莲，浠水白莲河上下湾人，郭门节妇，生于光绪二十八年壬寅十月二十一日卯时。

郭明贞，浠水秋六坳张湾人，生于光绪十年□月□日□时。

华明智，字丹桂，蕲春陈家上坝对河中屋湾人，生于光绪十四年戊子八月十九日卯时，卒于民国二十四年乙亥七月二十三日午时，葬吾禅祖墓山左侧，癸丁兼子午向。

王明修，蕲春人，生于同治十二年癸酉又六月初六日戌时，卒民国十九年八月十三日亥时，葬浠水蔡家河湖上普福寺神座下。传徒子邱至莲。

方明缘，浠水雷坛庙下湾人，生于同治十三年甲戌四月十五日亥时，卒于民国二十八年己卯十一月二十六日戌时，葬在俗山。

瞿明会，浠水长岭岗郭位列湾人。

梅明苦，黄梅大何铺人，生于光绪三年丁丑二月二十八日辰时。

吴明剑，字剑安，浠水城隍港人，生于光绪三十三年丁未六月二十一日未时，于己巳年皈依。

郭明知，字学宗，蕲春芭茅街合盘冲郭上湾人，生于光绪□□年□月□日□时。

刘明恕，字恕夫，浠水土地桥人，生于光绪十四年戊子九月十八日丑时。

汪明如，字如德，浠水人，生于光绪十七年十一月二十四日巳时，礼

---

① "至"字原缺，据上文补。

盛为师。

程明心，字楚三，浠水猪羊河花园湾人，生于光绪十七年辛卯七月二十五日寅时，礼盛圆成师门下。

蔡明清，字宜尔，蕲春蔡家冲关仙庵人，生于光绪十年甲申四月三十日辰时。

陈明兴，字鸿兴，蕲春白水畈街人，生于光绪二十三年丁酉七月十二日子时。

张明德，蕲春三角寺人，生于宣统二年庚戌六月二十一日亥时。

陈明莪，字莪尔，蕲春张家塝陈抑莲人，生于光绪三十一年正月初六日亥时。

陈明义，蕲春望天畈白鸡尖人，生卒未详，初住何万章观音寺，后归圆襟冲云归寺，遂卒于是寺所，仍归葬俗祖山。传徒汪至诚。

虚祖圆修陈师门下

张明云，字少荣，浠水冷水井张家新屋人，生于光绪二十四年戊戌三月初九日辰时。

王明德，英山瓦寺前人，生于光绪三十四年十二月十七日戌时。

周明法，字崇发，号济凡，道号修遗子，浠水下巴河人，生于民国元年壬子四月十七日寅时。事父至孝，唯诺无违，年二十一悟觉尘缘，参禅访道，入羊角尖，礼陈圆修为师。撑持太清观香火滋盛，乔梓唐棣一体居住。能以手术接骨，医伤施药，济众大行，同人信仰。传徒胡至本、沈至义、程至全、郭至盛、沈至忠、郭至宝、陈至芬。

赵明松，山东历城县西关小板桥人，生于光绪十年甲申十月初五日寅时，住巴河万寿寺。

瞿明先，字叔选，胡家河蔡家坳连三塘人，生光绪十八年壬辰二月初六日巳时，住纯阳阁。传徒瞿至斌、王至崇、范至会、龚至荣、陈至利、王至新、王至朝、王至升、王至成、瞿至廷、郭至汝、龚至教、瞿至祖、瞿至延、陈至元、郭至慧、范至一、夏至全、王至恒、熊至香、瞿至修、吴至善、瞿至香、陈至修、瞿至芗、龚至香、王至礼、李至滔、徐至昆、南至龙、张至猛、郭至凤、王至一、郭至贞、郭至明、瞿至岩、瞿至长、柴至德、瞿至文、陈至禄。

柯明阳，英山方家畈人，生于光绪二十二年丙申十一月二十四日酉时，住云丹观。传徒胡至开、刘至中、刘至明、袁至光，坤徒孙至莲、袁至桢、段至家、叶至章、胡至修、王至云、段至一、段至超。

瞿明俊，字维垣，胡家河白鹤湾人，生于光绪二十五年己亥二月初九日丑时，住纯阳阁。传徒周至延、张至缘，坤徒陈至寿、詹至道、瞿至启、瞿至福、郭至刚。

程明金，浠水程家畈人，生于光绪二十九年癸卯七月十四日未时，卒于民国三十年辛巳三月初十日辰时，葬于俗。皈依子王至德。

向明心，嘉鱼县庐机口陂儿岭人，生于光绪三十一年乙巳八月十八日辰时，住西杨河军止山关圣帝庙。传徒万至完、陈至力、孙至真。

周明庭，浠水巴河驿围虎山下人，生于光绪二十年甲午八月二十八日亥时。

赵明垣，山东历城县人，生于民国元年壬子十月初十日申时，住定峰山。

黄明启，大冶县黄家桥边人，生于光绪二十年甲午八月十四日亥时，住云邬山。

李明清，麻城县东保奎人，生于光绪二十六年庚子四月初七日子时，住青山口。

田明魁，蕲春田六湾人，生卒未详，葬陈家庵山。

陈明性，浠水冷水井龙潭岩人，生于光绪六年庚辰十月二十日辰时。

胡明善，浠水蕲阳坪庙家湾人，生于光绪十五年己丑七月二十四日巳时。

王明章，字会厘，浠水朱杨河人，生于光绪十七年辛卯十一月二十日卯时。

郭明元，字登石，浠水蔡家河人，生于光绪十七年辛卯正月初三日午时，从事政务，护道心勤。

叶明樟，字子先，浠水下巴河人，生于光绪二十四年戊戌又三月十二日亥时。

张明志，浠水冷水井张家老屋人，生于民国三年甲寅三月二十五日寅时。

张明从，浠水冷水井张家老屋人，生于宣统二年庚戌九月初二日午时。

张明源，浠水冷水井张家老屋人，生于宣统三年辛亥二月初七日寅时。

张明树，浠水张家老屋人，生于光绪二十四年戊戌十二月二十一日巳时。

张明才，冷水井张家老屋人，生于民国元年壬子二月十二日巳时。

周明和，冷水井张家老屋人，生于光绪二十七年辛丑十二月二十一日午时。

程明祥，字必祥，浠水詹家冲人，生于光绪十三年丁亥四月初十日未时。

郭明云，浠水大水桥土库湾人，生于光绪三十一年乙巳十一月二十七日亥时。

吴明化，鄂城金牛镇人，生于民国元年壬子四月二十二日辰时。

戴明喜，浠水戴家州人，生于民国九年庚申九月初九日亥时，住东岳庙。

段明先，英山三吴乡官地冲社人，生于光绪四年戊寅十二月十二日寅时，卒于民国癸未年正月初二日亥时，葬云盖寨，乾山巽向。

张明怀，冷水井张新屋人，生于光绪二十五年己亥十一月二十九日寅时。

梅明波，浠水六杨桥人，生于光绪二十九年癸卯又五月十九日巳时。

张明来，浠水张新屋人，生于宣统元年己酉八月十六日亥时。

周明慧，英山三吴乡官地社人，生于光绪九年癸未三月十八日亥时，圆修陈师之坤徒。

吴明祖，生于光绪六年庚辰九月二十九日未子时，圆修师之坤徒。

戴明寿，生于光绪二十五年七月二十八日戌时，卒于民国三十三年八月初八辰时，葬于下巴河严鱼山，坐北朝南。

柴明香，字菊香，浠水胡家河下首白鹤湾人，生于光绪二十五年己亥九月二十日亥时。

吴明敬，白甫保读书山人，生于光绪九年癸未九月二十九日未时。

吴明元，蕲春三角山老龙洞人，生于光绪十八年三月初三日未时。

瞿明斋，字添斋，生于光绪二十五年七月初十日申时，住胡家河下首双河口花屋人。

虚祖圆德申门师①下

郭明性，浠水黄工坳人，生于光绪十七年辛卯五月十八日巳时，出家金轮寺。

周明馨，字国富，太湖弥陀寺人，生于光绪二十五年己亥八月二十一日午时，改建金轮寺，香火一新。传徒熊至久，住天佛宫。

阎明忠，浠水阎家河人，生于光绪九年癸未十二月二十七日子时。

熊明善，浠水大马桥人，生于□□年□月□日□时。

李明波，浠水李家岩人，生于光绪二十二年四月初一日辰时。

虚祖圆心田师门下

郭明清，浠水牛头冲人，生于光绪戊寅年三月十二日申时。

方明修，蕲春县下车门冲人，生于同治八年己巳五月二十日卯时，羽化于民国二十五年丙子四月十五日巳时。葬滴水岩延寿庵左山，甲山庚向，有碑。传徒柴至一、田至元。

程明祥，英山杨柳湾施家湖人，生于光绪二十八年壬寅四月初六日寅时。出家陈家庵，传徒顾至诚。

田明盛，蕲春田六湾人，生于光绪二十二年丙申正月十六日寅时。

余明星，蕲春柏叶山人，生于光绪七年辛巳十一月初九日亥时，传徒王至登、詹至力。

田明俊，蕲春田六湾人，生于光绪二十五年己亥四月初八日辰时，在张家塝石人冲基社修建清灵宫，捐佃稞七石。传徒田至拔。

田明福，蕲春田六湾人，生于光绪六年庚申三月初三日寅时。

田明怀，字士魁，号子怀，蕲春田六湾人，生于光绪十九年癸巳正月

---

① "门师"，疑应为"师门"。

初一日戌时。

田明效，号子纯，蕲春田六湾人，生于光绪二十二年丙申十一月十五日午时。

田明验，号厚存，蕲春田六湾人，生于光绪二十四年戊戌六月二十三日卯时。

田明祥，号号①应国，田六湾人，生于光绪二十六年庚子七月十九日辰时。

宋明敬，□□□□□□人，生于光绪三十年甲辰三月初十日酉时。

段明钦，英山瓦寺前台子湾人，生于光绪二十四年戊戌九月二十日戌时。

田明学，蕲春田六湾人，生于光绪三年丁丑十月初四日丑时。

田明性，字济安，田六湾人，生于光绪二十九年癸卯八月二十六日子时。

王明瑞，号燮华，蕲春塘抵坳土库人，生于光绪八年壬午十二月初八日卯时，卒于民国二十七年戊寅又七月初十日丑时。传徒王至明。

郑明桂，罗田傅家庄人，圆心师之坤徒，生于光绪三十四年戊申十月二十六日丑时。

张明星，塘抵坳土库楼人，生于光绪十年甲申十月二十四日亥时。

虚祖圆宗潘师门下

周明荣，浠水李家垱人，生于民国四年乙卯六月二十五日午时，出家于天云武圣宫。

郭明道，名春华，浠水黄土坳人，圆宗师之皈依子。

余明贯，字贯一，蕲春汪家坝东山冲人，生于光绪十七年辛卯十一月初四日未时。住文昌阁，于民国二十一年八月十五日礼宗为师，现住文昌阁，系坤徒。

虚祖圆丹李师门下

方明宝，字天宝，南京仙天玄化镇人。

汪明定，字亚苏，蕲春六溪冲人，生于光绪二十年十月二十三日戌时。

---

① 第二个"号"字疑衍。

汪明山，字静山，蕲春大同乡清河冲人，生于光绪十八年壬辰十月初四日巳时。

胡明玄，浠水河东街后人，住老安山庙，圆丹师之坤徒，生于同治六年丁卯正月二十四日卯时，于民国二十四年乙亥三月十四日寅时羽化。葬老安山，乾山巽向。传徒郭至仁。

虚祖圆修汪师门下

汪明性，字德山，蕲春六溪冲人，生于光绪二十八年壬寅四月十四日未时。

汪明忱，字子进，大同乡六溪冲人，生于光绪十四年戊子正月十六日，卒于民国十六年丁卯五月初六日未时，葬在俗。

汪明恂，名应清，字子渊，蕲春大同乡六溪冲人，生于光绪十五年己丑十一月十一日寅时。①

虚祖圆甫田师门下

田明根，字子祥，蕲春田六湾人，生于光绪二十年甲午七月二十日戌时。

虚祖圆光田师门下

汪明琳，蕲春六溪冲人，生于光绪二十九年癸卯十二月初九日未时。

汪明空，字继文，蕲春六溪冲人，生于光绪二十九年癸卯十二月初九日未时。

虚祖圆贞汪坤师门下

王明性，名九莲，浠水兰溪人，生于光绪十二年丙戌六月十三日寅时，羽化卒于民国二十八年己卯八月二十四日辰时。葬羊角尖清虚宫下手，丑山未向。传徒陈至霜、汪至慧、汪至仁、段至文、汪至节。

胡明玉，浠水兰溪马家垅人，生于光绪十三年丁亥六月初八日辰时。

---

① 世系表中，汪明忱、汪明恂在汪圆中门下。

从师住清虚宫，传徒周至和、段至冰、宋至定。

王明先，英山鸡鸣河人，生于光绪元年乙亥十二月初一日戌时。随师住清虚宫，传徒伍至林。

萧明松，松沔阳县太阳脑马家台人，生于光绪六年庚辰十月二十日未时，出家清虚宫，转居铸钱冲龙虎斗观音庵。传徒王至善、张至心。

周明柏，沔阳张河沟三河人，生于同治十二年癸酉十一月二十三日申时，出家清虚宫，后居观音庵。传徒万玉静、邱至瀛。

黄明菊，沔阳开城阮熊家台人，生于光绪十七年辛卯八月十五日午时，出家清虚宫，转居观音庵。传徒王至性、吴至中。

郭明性，浠水长岭岗时福湾人，生于光绪二十三年丁酉正月二十九日亥时。出家清虚宫，传徒李至元。

陈明贞，蕲春望天畈七里冲人，生于光绪十一年乙酉十月初十日寅时，住蕲春白云观。

胡明清，蕲春塘抵坳周家觜人，生于光绪十五年己丑四月霁亥时，出家清虚宫。

骆明静，蕲春分路街人，生于光绪二十六年庚子二月初二日寅时，出家清虚宫，传徒张至英、胡至光。

郑慧明，名寿芝，英山十一都振兴社人，生于光绪二十三年丁酉五月十九日亥时，卒于民国三十二年癸未九月初六日寅时。葬在俗。传徒姚至德、姚至受、段至莲。

汪明理，蕲春西坳人，生于光绪二十七年辛丑正月十六日丑时，出家清虚宫，传徒郑至安。

陈明夏，字中夏，蕲春①望天畈人，适本县六溪冲汪明毅，生于宣统二年庚戌正月初三日辰时。

伍明开，蕲春横路铺人，生于民国五年丙辰正月十七日戌时，出家清虚宫。

程明英，浠水乱石河人，生于同治十二年癸酉十二月二十五日卯时。

陈明泰，浠水白羊河人，生于光绪二十八年壬寅正月二十八日戌时，

---

① “蕲春”，此处俗写为“圻春”，兹统改为“蕲春”。下同，不再出注。

住白羊河慈云阁。

谈明锦，浠水巴河粮米仓人，生于光绪十七年辛卯十二月二十七日子时，卒于民国二十五年丙子。又三月初三日巳时葬官山，坐西向东。

方明华，蕲春大同乡方家冲人，生于光绪三十二年丙午二月十二日未时，住蕲春狮子洞，传徒汪至愿、陈至修。

段明春，英山瓦寺前人，生于民国元年壬子正月二十九日午时，卒于民国二十九年己卯九月初五日辰时，葬在俗。

陈明法，蕲春冷冲人，生于光绪二十四年戊戌六月二十二日辰时。

许明玉，道号证觉子，别名教圆，蕲春青山乡株林河人，生于光绪十年甲申六月二十八日子时，羽化于民国三十二年癸未三月二十六日戌时。葬三角山报国庵右手虎形程姓茔中，乾巽兼戌辰向，有碑。

蔡明义，蕲春崇居乡蔡家破屋人，生于光绪十二年丙戌七月二十六日亥时，住仁泽祠。传徒吕至行、田至开、操至定。

汪明益，蕲春汪家瓢铺人，生于光绪九年癸未十二月十六日未时，卒于仁进寺。

周明静，浠水胡家河人，生于光绪十九年癸巳三月十三日卯时，住纯阳阁。

张明修，名义修，蕲春莲花庵张家老屋人，生于光绪二年丙子六月二十五日亥时。

孙明秀，蕲春大同乡孙家冲人，生于民国二年癸丑十一月初二日亥时。

陈明莲，生于光绪六年庚辰十二月二十九日辰时，卒于民国二十七年戊寅正月二十六日亥时。

姚明性，英山瓦寺前人，生于光绪十一年乙酉六月十九日卯时。

骆明忠，蕲春分路街人，生于光绪二十八年壬寅四月二十七日酉时。

袁明第，浠水邱家桥人，生于同治十二年癸酉十一月二十二日亥时，卒于民国十九年庚午十月二十二日巳时。

何明纯，蕲春六溪冲人，生于光绪十二年丙戌十月初一日丑时，卒于民国三十年辛巳十月初九日酉时。葬在俗。子汪肖文。

郭明珍，浠水城隍港人，生于光绪十八年壬辰八月十二日巳时。

陈明本，浠水下乡雷坛庙人，生于同治十二年癸酉九月二十八日寅时，传徒郭至斋。

汪明全，汪家瓢铺人，生于光绪二十五年己亥三月十九日亥时，卒未详。

田明奇，张家塝田六湾人，生于光绪十四年戊子十月十三日酉时，卒于民国十七年戊辰十月十五日戌时，葬在俗子汪青铅。

胡明静，蕲春三叠乡胡家马地人，生于光绪三十三年丁未三月初十日酉时，子汪佛应。

徐明德，蕲春韩家塝人，生于光绪□□年□月□日□时。

曹明翠，蕲春曹家冲人，生于光绪十一年乙酉十二月初一日卯时，卒于民国三十二年癸未八月二十四日戌时，葬在俗。

方明显，蕲春望婆山人，生于光绪二十年甲午三月二十七日子时。

邓明志，蕲春田六湾人，生于光绪二十九年癸卯二月二十日申时。

张明棣，崇居上乡芭茅街董家冲人，生于光绪二十一年乙未正月二十七日申时。

文明顺，名亚莲，蕲春文家畈人，生于光绪二十年甲午九月初五日亥时，卒于民国二十九年庚辰七月初二日辰时。

张明菊，蕲春张家塝人，生于光绪五年己卯九月三十日辰时。

田明春，蕲春石门冲田六湾人，生于光绪十五年己丑正月十五日午时，卒于民国三十三年甲申正月初六日子时。葬在俗。

吴明芳，名桂芳，字筱贞，浠水通奉乡张家新屋人，生于光绪二十七年辛丑正月十二日酉时，皈依圆贞师门。

张明廉，陈家坝方家冲人，生于民国四年乙卯十二月二十六日亥时，皈依圆贞师门。

范明全，蕲春水竹林河人，生于光绪十九年癸巳三月二十六日未时。

孙明心，蕲春田六湾人，生于光绪二十三年丁酉正月初九日卯时。

顾明莲，浠水羊角桥人，生于光绪十五年己丑正月二十四日巳时。

刘明林，浠水人，生于光绪十七年辛卯七月十八日亥时，卒于民国三十年辛巳十二月初九日寅时。

周明莲，浠水羊角桥人，生卒未详。

范明孝，蕲春范家湾人，生于光绪十八年壬辰十月二十日亥时。

鲁明禄，蕲春横路铺人，生于光绪十二年丙戌三月二十九日酉时。

叶明智，浠水百丈冲人，生于光绪二十七年辛丑十二月二十二日巳时。

张明贤，名兰英，蕲春鼓石冲人，生于光绪十六年庚寅□月□日□时。

裴明淑，名来姑，蕲春鼓家山裴家坳人，生于光绪二十九年癸卯六月二十八日巳时，住慈云庵。

张明巧，蕲春方家觜人，生于光绪十三年丁亥十二月二十九日未时。

邓明性，生于同治三年甲子十一月十九日亥时。

祝明莲，生于同治十一年壬申四月初十日巳时，卒于民国二十六年丁丑二月初四日午时。

周明德，生于光绪十八年壬辰九月十五日辰时。

张明悟，浠水中石港大年湾人，生于光绪十九年癸巳八月二十八日子时。

田明香，蕲春古木冲田老屋人，生于民国三年甲寅正月二十五日卯时。

邓明心，蕲春田六湾人，生于光绪二十九年癸卯二月三十日申时。

孙明广，芭茅街人，生于光绪二十年甲午七月二十日辰时。

梅明正，蕲春大同乡人，生于民国二年癸丑三月十六日巳时。

吴明一，浠水蔡家河栖贤庄人，生于光绪二十四年戊戌正月二十八日亥时。

方明因，浠水蔡家河道生庄人，生于光绪三十一年乙巳五月初五日未时。

姜明英，浠水邓河坪人，生于光绪二十五年己亥八月二十一日酉时。

叶明九，生于民国六年丁巳九月二十七日子时，卒于民国三十年辛巳四月初八日丑时。

张明义，字义修，蕲春莲花庵张家桥人，生于光绪二年六月二十五日午时。

张明秀，蕲春芭茅街人，生于光绪□□年□月□日□时。

邓明修，蕲春卫家河人，生卒未详。

虚祖圆莲汪坤师门下

张明规，生卒未详。

陈明慧，蕲春人，生于光绪二十三年丁酉八月二十三日亥时。

圆顺汪坤师门下

文明菊，蕲春文家畈人，生于光绪二十九年癸卯九月初四日午时。

虚祖圆西夏坤师门下

郭明玄，字邦炳，蕲春崇居上乡合盘冲人，生于同治十二年癸酉十二月初十日寅时。礼圆西为师。卒民国二十一年壬申五月十八日亥时，葬慈云庵下首，辛山乙向，有碑。传徒宋至松、王至柏。

郭明妙，字邦松，芭茅街合盘冲人，生于光绪七年辛巳正月初六日巳时，民国二十九年又六月初一日坐化金竹山明月庵。传徒陈至中、朱至一、尹至贞、刘至尚、郭至修。

胡明志，字志全，合盘冲人，生于光绪五年己卯三月初九日申时，住慈云庵。传徒蔡至英、郭至兰、陈至第、张至梅、范至纯、张至秀、蔡至善、陈至春、尹至修、陈至兴、蔡至清。

义祖圆忠蔡师门下

黄明安，英山柳林河人，生于光绪二十九年癸卯十月初六日亥时，住莲花山大士阁。

义祖圆楷胡师门下

盛明悟，浠水邓家河坪人，生于光绪十九年癸巳八月二十三日寅时。

王明堂，字应堂，浠水兰溪王家墩人，生于光绪十五年己丑九月二十四日午时，住白云庵。

周明宗，浠水下巴河人，生于民国七年戊午十月初二日卯时，礼圆楷为师。

义祖圆亨周师门下

周明玄，浠水下巴河人，生于民国十七年戊辰八月二十一日巳时，住太清观，礼亨为师。

杨明时，英山满溪坪人，生于光绪十七年辛卯八月二十八日巳时，住婆婆庵。传徒萧至昌。

郑明怀，英山满溪坪人，生于光绪二十六年庚子正月十六日卯时，住大士阁。

吴明友，英山城柳乡人，生于光绪二十一年乙未七月十四日巳时。

程明从，浠水乱石河人，生于光绪二十二年丙申十二月十二日丑时。

程明华，浠水乱石河人，生于光绪二十九年癸卯九月二十一日巳时。

程明朗，浠水乱石河人，生于宣统二年庚戌六月十二日寅时。

夏明杰，浠水冷水井人，生于光绪二十六年庚子十月二十八日子时。

程明兴，浠水冷水井人，生于宣统二年庚子九月初九日辰时。

程明瑞，浠水冷水井人，生于光绪三十年甲辰九月二十五日寅时。

义祖圆性胡师门下

胡明静，字天时，蕲春胡家坝人，生于民国己未年九月二十四日亥时，礼性为师。

熊明珠，蕲春三角山老龙洞人，生于宣统元年己酉又二月十一日子时。

吴明庚，蕲春三角山老龙洞人，生于民国八年己未八月二十一日子时。

义祖圆昆周师门下

程明月，字旭升，浠水朱杨河人。生于民国二年癸丑正月初一日子时。

王明文，浠水猪头觜人，生于光绪三十二年丙午又四月二十一日亥时。

波祖圆贞朱坤师门下

黄明德，罗田林木河人，生于光绪十八年壬辰二月初一日亥时，住黄石岩大士阁。传徒周至贵①。

黄明英，浠水天筹四湾人，生于光绪七年辛巳十一月初六日亥时。

---

① "贵"，前后文作"惠"，未定孰是。

熊明莲①，生于民国三年甲寅八月十九日戌时。

陈明诚，生于民国五年丙辰十月初八日戌时。

德祖圆修黄坤师门下

吴明和，蕲春韩家塝柴家山人，生于光绪十五年己丑八月十四日寅时，传徒伍至诚。

汪明心，蕲春马鞍山人，生于光绪二十二年丙子八月二十一日午时，卒于民国三十三年甲申四月十二日酉时，葬在俗。

陈明本，蕲春张家塝人，生于光绪二十八年壬寅四月十一日亥时。

圆化韩师门下

梅明端，字育才，蕲春鲁家方社人，生于光绪二十年甲午十二月初六日申时。

德祖圆定李坤师门下

郭明元，浠水下乡中石港人，生于光绪三年丁丑十二月二十八日亥时，卒于民国三十一年三月二十三日申时，葬清虚宫下手，丑山未向。

真祖圆修李坤师门下

叶明贞，浠水竹林墩人，生于光绪十年甲申七月十九日亥时，卒于民国二十五年丙子正月二十九日巳时，葬金轮寺后山右侧，辛山乙向，与申圆德同茔，有碑。

李明道

岑明英②

周明续，浠水羊角桥人，生于光绪二十四年戊戌六月十二日子时。

李明慧，名锡奇，浠水六神港人，生于光绪二十年甲午二月十七日

---

① 世系表中，熊明莲在黄圆修门下。

② 底本中"李明道""岑明英"后无介绍，此处照录。

午时。

张明悟，浠水滥石河人，生于光绪五年正月初五日卯时。

静祖圆虔周师门下

周明静，浠水河湾人，生于光绪五年己卯正月初二日亥时，卒于民国三十二年癸未六月十二日午时，葬浠水白石井落伽庵后山，坐北向南。

永莲祖圆本胡坤师门下

张明悟，蕲春方家冲人，生于光绪二十二年丙申正月初一日巳时，出家清虚宫。

永虚祖圆贞石坤师门下

张明恭，太湖弥陀寺人，生于民国十九年庚午二月二十一日寅时。

陈明慧，字海清，浠水冷水井人，生于光绪二十三年十月初十日午时，住回云阁。

龙门正宗同真教谱世传卷之二　自至字派至宗字派

圆成师门汪明善支下

廿一世

汪至惠，浠水羊角桥人，生于光绪二十六年庚子二月二十八日巳时，卒于民国三十二年癸未六月十四日丑时。葬放鹤山左手，坐北向南。传徒周理义。

胡至明，浠水羊角桥蔡家冲人，生于光绪二十七年辛丑七月初二日辰时。

汪至德，浠水白石井羊角桥人，生于光绪二十二年十二月十四日辰时。

盛至道，浠水白石井七里冲人，生于光绪十八年壬辰六月十七日辰时，卒于民国二十五年丙子十二月初九日子时，葬黄家大脑顺大用祖右手。

周至修，浠水羊角桥人，生于光绪三十三年丁未十月初四日丑时。

陈至类，浠水羊角桥人，生于宣统二年庚戌四月二十日卯时。

周至理，浠水羊角桥人，生于光绪七年辛巳四月十六日巳时。

汪至信，浠水羊角桥人，生于光绪二十八年四月二十日辰时。

许至焱，蕲春许家山头人，生于光绪三十一年乙巳十月二十一日亥时。

邱至忠，浠水钱家河人，明善之坤徒，生于光绪十七年辛卯二月二十五日卯时。

圆成师门刘明德支下

陶至清，广济县东门外锣鼓山下人，生于光绪二十五年己亥十月十五日酉时，出家太清观。

陈至心，黄冈县汪家田人，生于宣统三年辛亥十二月二十日，出家莲花庵，现住孔子河万松庵，传徒王理元。

圆成师门徐明真支下

高至民，字世臣，浠水白羊河高家社人，生于光绪二十八年壬寅五月初二日丑时，住杨家庙新建灵山观。传徒陈理寿、吴理福、杨理舟、徐理江、杨理信。

圆成师门王明然支下

周至和，浠水县东一区人，生于光绪九年癸未二月初六日卯时，民国甲戌年于庐山玄庙观礼然为师。现住蕲春方家冲文昌阁。

朱至修，蕲春上车盘冲人，生于光绪二十六年庚子十二月十二日寅时，民国己巳年于文昌阁礼然为师。现住清静庵。传徒朱理得、康理元，皈依子乐理恒。

朱至华，蕲春县上车盘冲人，生于光绪二十七年辛丑十二月二十三日亥时，民国壬午年出家于源泉庵，礼然为师。

任至性，字仲材，浠水邓家河坪人，生于①光绪五年己卯八月□日时。

康至元，蕲春上车门冲人，生于民国二年癸丑八月二十八日亥时，于己卯年至文昌阁皈依然师门下。

汪至铅，蕲春六溪冲人，生于民国八年己未十月二十二日卯时。

方至东，蕲春望婆山人，生于民国十四年乙丑□月□日□时。

汪至坚，名洁，蕲春望婆山人，生于民国十二年癸亥三月二十四日子时，于己卯年至昌阁皈依然师门下。

方至慧，蕲春方家冲人，生于民国十五年丙寅正月初八日辰时，于己卯年至文昌阁皈依然师门下。

陈至贞，蕲春县上车盘冲人，生于民国二年癸丑四月十六日申时，坤虽属身，慕道有志，德行另叙，于壬午年礼然为师。现住清静庵，传徒康理清、汪理静。

王至村，字石村，名璋，蕲春汪家坝王家冲人，生于光绪二十年十一月十八日未时。

吴至平，字俄尔，蕲春花桥人，生于民国七年八月二十二日申时。

余至清，字永清，蕲春彭家山人，生于光绪三十年十月初三日寅时。

圆成师门汪明②觉支下

贾至玄，号碧虚，蕲春马家冲人，生于宣统元年己酉正月十一日亥时，出家仁泽祠，传徒柴理兴、田理正、汪理衡、田理学、田理慧、田理常。

田至清，蕲春六溪冲人，生于光绪十五年己丑十月十八日巳时，皈依于仁泽祠，觉师下。

柴至妙，蕲春六溪冲人，生于光绪二十一年乙未九月二十八日午时，皈依仁泽祠。

---

① "于"，原文作"生"，兹据文意改。
② "明"字原缺，兹据前后文补。

柴至从，蕲春六溪冲人，生于光绪二十年甲午四月十八日巳时。

田至中，蕲春六溪冲人，生于光绪二十五年己亥十月十六日未时，卒于民国三十年辛巳七月初十日寅时，葬虾子地屋后，木星癸山丁向，有碑。

陈至道，蕲春鲁家方社人，生于光绪二十三年丁酉二月初五日未时。

柴至德，蕲春大同下乡柴家山人，生于民国十三年甲子七月初七日巳时。

高至和，蕲春六溪冲人，觉师之坤徒。生于光绪三十四年戊申五月二十九日辰时，卒于民国三十一年三月二十三日未时。

田至度，蕲春田六湾人，觉师之坤徒。生于光绪三十四年戊申五月十二日亥时，卒于民国二十六年庚子十一月二十四日亥时，葬在俗。

圆成师门陈明根支下

伍至中，蕲春横路铺人，生于民国八年己未十二月初三日亥时，随师居住。

帅至道，浠水团陂洪家大湾人，生于民国六年丁卯十月二十八日亥时，出家滴水岩。

郭至远，蕲春滴水岩人，生于民国五年丙辰二月二十八日子时，皈依根名下。

田至全，字润身，蕲春田六湾人，生于民国四年乙卯二月二十三日卯时。

田至德，号兴宫，蕲春田六湾人，生于民国七年戊午六月十二日亥时。

田至常，字兴云，大同乡田六湾人，生于民国十六年九月初五日亥时，同日皈依明根师下。

田至孝，原名公孝，一名至公，安徽高中生，蕲春田六湾人，田明止杜田之子。生于民国十二年癸亥十二月二十七日亥时，卒于民国三十三年甲申三月初十日巳时，年二十一岁皈依陈明根门下。葬在俗。事详首二卷杜田事略。妻汪至节次玉，皈依羊角尖王明性门下，以节自矢。

孙至松，大同乡河东里塘抵坳人，生于光绪二十一年正月二十日亥时。

圆成师门下郭明朴支下

郭至东，字焕东，蕲春合盘冲人，生于民国十九年十一月二十五日酉时。

圆成师门郭明静支下

陈至参，蕲春大同乡河西里人，生于光绪二十一年①壬辰十一月十六日，卒于民国三十二年九月十八日亥时。

陈至修，字正修，蕲春魏家河人，生于民国十三年甲子十一月二十六日寅时。

叶至辉，字秀辉，魏家河人，生于光绪二十九年癸卯七月初一日亥时。

吴至云，字起云，白水畈人，生于民国元年壬子十二月十六日亥时。

詹至纯，字逸凡，白水畈人，生于宣统二年庚戌十一月初二日酉时。

詹至锴，字炼百，白水畈人，生于民国三年甲寅九月二十五日巳时。

陈至昌，字汉昌，蕲春白水畈人，生于光绪三十二年丙午正月二十九日□时。

詹至棋，字楚棋，白水畈人，生于民国七年十一月二十六日□时。

詹至鼎，字乐鼎，白水畈人，生于民国四年乙丑九月二十一日亥时。

余至海，字宗尧，张家塝乡合盘冲人，生于民国二十二年癸酉六月初五日午时。

黄至卿，字少卿，蕲春芭茅街人，生于□□年□月□日□时。

余至法，字如海，号巨芬，蕲春芭茅街人，生于民国十一年壬戌六月初三日亥时。

詹至如，字乐举，白水畈人，生于民国六年丁巳六月二十六日卯时。

詹至希，字乐昌，白水畈人，生于民国八年己未十一月初六日亥时。

郭至厚，字敦厚，浠水长岭岗人，生于光绪二十九年癸卯又六月十五日亥时。

---

① "年"字原缺，兹据文意补。

郭至中，字中英，浠水蔡家河人，生于民国六年丁巳十一月十二日丑时。

蔡至来，蕲春芭茅街后人，生于宣统三年□月□日□时。

余至福，静坤徒，蕲春合盘冲人，生于民国四年□月□日□时。

陈至安，蕲春魏陈家河人，生于民国二十年七月初八日卯时。

詹至馨，静坤徒，蕲春白水畈人，生于民国二十四年三月二十四日巳时。

詹至香，静坤徒，蕲春白水畈人，生于民国三年九月十四日巳时。

詹至仁，蕲春白水畈人，生于民国二十九年五月十三日辰时。

孙至巧，蕲春孙家冲人，生于光绪三十一年六月二十八日亥时。

余至亨，字世祥，号亚平，蕲春合盘冲人，生于民国十四年乙丑又五月二十七日子时。

余至廪，号世辉，蕲春合盘冲人，生于民国二十年壬辰十二月二十日辰时。

宋至和，字毛尔，蕲春白水畈凤形林人，生于民国六年二月初九日申时。

宋至华，字花尔，蕲春白水畈凤形林人，生于民国七年十二月初九日辰时。

张至忍，字金鳌，一号祥云，蕲春合盘冲人，生于民国十五年三月十二日午时。

吴至有，字清明，浠水城隍港吴家湾人，在太观出家，生于宣统三年十月二十日卯时。

张至保，字保三，浠水蔡家河人，生于光绪三十四年四月二十七日巳时。

胡至生，字雨生，蕲春胡家凉亭八房人，生于民国二十三年正月初六日未时。

郭至财，字盛财，蕲春芭茅街合盘冲桃树窊人，生于民国十七年十二月初五日亥时。

章至梁，生于民国十二年癸亥七月十七日亥时。

圆成师门①陈明智支下

杨至德，字行礼，浠水团陂人，生于光绪三年丁丑五月二十五日亥时，住白羊庙。

陈至缘，号庆宏，浠水团陂人，生于光绪十九年癸巳十月十一日酉时，住白羊庙。

严至元，号清荫，浠水南乡人，生于宣统二年庚戌二月二十四日子时。

夏至仁，浠水南乡人，生于光绪二十三年丁酉九月十七日子时，西住华庵。

徐至铭，号用铭，浠水南乡人，生于光绪八年壬午二月二十八日辰时。

夏至诚，字士龙，浠水北乡永乐里弓旗山人，生于光绪三十一年乙巳十二月二十一日亥时，住惟善宫。传徒陈理清、高理全、杨理琦。

夏至一，浠水人，生于光绪十六年庚寅正月二十二日子时，卒于民国二十三年三月初二日午时，葬神仙冲新庵庙前，甲山庚向。

范至善，浠水南乡鲍家冲人，生于光绪二十二年丙申五月二十九日申时。

杨至德，字竹甫，浠水南乡杨铺人，生于光绪十四年戊子八月二十九日亥时，出于广福庵。

陈至中，名谷贻，浠水南乡团陂陈公泰湾人，生于光绪三十一年乙巳十二月初七日亥时。

王至华，字季华，浠水南乡团陂人，生于光绪二十二年丙申三月二十四日午时，住华桂山宾阳寺。

范至一，字龙生，浠水东乡仙姑庙人，生于光绪二十一年乙未八月十三日午时。传徒汪理全、汪理清、李理成，坤徒瞿理宗、柴理德、夏理缘。

夏至松，浠水南乡永乐里人。

---

① "门"字原缺，兹据文意补。

范至华，字树华，浠水北乡永乐里人，生于光绪丁未年五月初一日亥时。

陈至义，字汝门，浠水南乡人，生于光绪二十三年丁酉六月二十九日子时。

杨至清，字行春，浠水南乡余家冲社人，生于光绪十四年戊子十二月十二日辰时。

曾至仁，字诏月，浠水南乡人，生于光绪五年己卯三月初六日巳时，住灵山观。

陶至敬，字笃敬，浠水南乡人，生于民国八年己未正月初八日寅时。

陈至光，字天佑，浠水新庄冲人，生于宣统三年辛亥二月十三日亥时。

陈至荣，字玉先，浠水南乡永乐里人，生于光绪三十三年丁未十二月二十三日巳时。

陈至先，字吉斋，浠水南乡，生于光绪丙午年正月十六日未时，卒于民国三十一年壬午五月初十日申时。葬神仙冲新庵庙前王姓祖坟下侧，寅山申向兼甲庚三分，有碑。

陈至厚，字允厚，浠水南乡新庄冲人，生于光绪二十八年壬寅五月初三日戌时。

程至民，字贤德，黄冈得马乡人，生于民国十一年壬戌八月二十三日亥时。

高至道，浠水南乡永乐里松山保兵马仓人，明智之坤徒。生于光绪十七年辛卯七月二十日寅时，住三元寺，传徒高理元、高理性。

陈至斋，字荣斋，浠水三区松山保天台社人，生于光绪二十三年丁酉八月初八日未时。

严至芬，字梅芬，浠水南乡永乐里人，生于光绪二十六年庚子十一月初八日巳时。

王至和，浠水团陂人铁炉冲金谷中人，生于光绪二十年八月二十六日巳时。

王至清，字汝南，浠水南乡永乐里人，生于光绪十二年十一月二十四日亥时。

杨至净，浠水南乡永乐里人，明生于光绪十八年壬辰十月二十五日寅时。

杨至莲，浠水歇龙山人，明智之坤徒。生于光绪二十九年癸卯正月二十四日子时，住灵山观。

毕至和，字清善，浠水江家冲人，生于光绪三十二年丙午正月初三日未时，住文峰阁。

夏至全，字淑贤，浠水蔡闻二家社人，生于光绪二十二年丙申四月二十九日辰时。

夏至元，字伯元，浠水蔡闻二家社人，生于光绪十二年丙戌九月初五日辰时，住打鼓岭。

严至慧，字季莲，浠水江家冲人，生于民国二年癸丑二月初五日子时，住打鼓岭。

南至静，字慧春，浠水姜家坳人，生于宣统三年辛亥正月二十八日巳时，住打鼓岭。

蔡至阴，字菊莲，浠水落马垱人，生于光绪十八年壬辰六月初九日寅时。

吴至德，字季春，张易二社人，生于光绪四年戊寅四月十八日巳时。

陈至勤，字雨莲，浠水余家铺，生于光绪三十三年丁未十一月初三日子时。

邬至信，字玉莲，浠水东乡人，生于光绪七年辛巳三月初五日亥时。

涂至安，字竹莲，浠水永丰阁社人，生于宣统元年己酉五月十五日辰时。

翁至真，字真莲，浠水孙家冲社人，生于光绪十五年己丑五月二十八日亥时。

邓至学，字雨迷，浠水三官殿人，生于光绪元年乙亥十一月二十五日辰时。

杨至光，字双梅，浠水姜家坳社人，生于光绪二十一年乙未正月二十九日戌时。

李至星，字李莲，浠水朱余二家社人，生于光绪二十年甲午四月二十一日辰时。

圆成师门郭明复支下

张至清，浠水长岭岗训臣湾人。生于光绪三十年生甲辰六月二十日巳时。住黄石岩。

郭至焱，名迪荣，蔡家河人，生于民国十九年庚申九月初八日子时。

段至涛，名秉忠，蔡家河人，生于民国十二年癸亥四月二十三日寅时。

圆成师门周明定支下

屈至开，浠水羊角桥人，生于光绪二十三年丁酉四月二十一日亥时。

圆成师门程明香支下

陈至涛，蕲春魏家河陈家湾人，生于光绪二十四年戊戌五月十三日巳时。

陈至德，蕲春魏家河陈家湾人，生于民国六年丁巳七月二十四日亥时。

圆成师门余明焕支下

余至元

圆成师门下郭明新支下

郭至璋

圆成师门汪明毅支下

田至奎，蕲春张家塝小塝人，生于民国九年十月二十六日辰时。

圆成师门郭明福支下

王至乾，号玉山，黄冈县人，生于民国四年乙卯九月十一日卯时，于壬午年礼福为师，居石峡寺。

秦至虔，字诚明，生于民国六年丁巳十一月初七日卯时，卒于民国二十九年辛巳五月二十四日卯时。

刘至松，浠水可家店人，生于光绪二十三年丁酉十一月十八日卯时，出家龟山寺，礼福为师。

圆成师门张明机支下

汪至月，字秀贞，浠水古河汪家湾人，生于光绪十七年辛卯正月初五日卯时。

圆成师门汪明慧支下

朱至礼，字执其，蕲春大同乡上车门冲河东人，生于光绪七年辛巳五月初五日巳时，住支昌阁。

汪至信，字执圭，蕲春六溪冲汪家湾人，生于光绪十九年癸巳正月初六日辰时。

朱至诚，字砺之，蕲春大同乡上车门冲河东人，生于光绪二十九年癸卯又五月初四日寅时。

田至仁，字魁成，蕲春大同乡上车门冲田家湾人，生于光绪三十二年丙午五月十二日亥时。

康至德，字富明，蕲春大同乡车门上冲三斗垅人，生于光绪三十三年丁未六月十四日亥时。

詹至汉，字汉初，蕲春大同乡中车门冲东边人，生于光绪□□年□月□日□时。

汪至刚，字寿林，蕲春大同乡六溪冲汪家湾人，生于光绪八年壬午七月二十三日酉时。

邓至清，字士元，蕲春大同乡天保寨人，生于光绪□□年□月□日□时。

何至煜，字月峰，蕲春大同乡红花尖何家湾人，生于光绪二十七年辛丑十月十七日子时。

田至元，字兴榜，蕲春大同乡大桴冲东边山人，生于光绪十六年庚寅九月二十六日巳时。

田至祥，字方魁，蕲春大同乡上车门冲田家湾人，生于光绪二十九年

211

癸卯四月初八日亥时。

田至忠，字月光，蕲春大同乡上车门冲田湾人，生于民国三年甲寅八月十五日亥时。

邹至彬，字，蕲春大同乡吕家河人，生于民国□□年□月□日□时。

詹至龄，字妙宁，蕲春大同乡车门上冲三斗湾人，生于光绪二十八年壬寅□月□日□时。

朱至贞，字守贞，蕲春大同乡中车门冲枫树坳人，生于光绪三十二年丙午十二月二十六日子时。

操至春，字梅春，蕲春大同乡上车门冲田家湾人，生于光绪三十二年丙午三月初一日亥时。

朱至定，字岐山，蕲春大同乡车门冲殷家桥人，生于光绪六年庚辰三月初三日亥时，殁于民国三十一年□月□日□时，葬于住屋对面，乾山巽向。

乐至陵，字焱坤，蕲春大同乡干河沟乐家湾人，生于光绪十七年辛卯十一月十三日戌时，殁于民国三十一年□月□日□时。

邱至玄，字志发，蕲春大同乡上车门冲钢湾人，生于光绪十二年丙戌三月初八日酉时，殁于民国二十年□月□日□时，葬凤形壬山丙向。

朱至皈，字庆光，蕲春大同乡上车门冲河西人，生于光绪三十一年乙巳六月初十日子时，殁于民国二十七年十月二十日子时，葬河西下手，辛山乙向，有碑。

汪至孝，字海明，蕲春大同乡六溪冲人，生于光绪十八年壬辰四月十八日子时，殁于民国三十三年正月十九日午时。

汪至荣，字世荣，蕲春大同乡六溪冲人，生于光绪□□年□月□日□时，殁于民国三十三年七月□日□时。

宋至常，字启明，蕲春大同乡六溪冲人，生于光绪二十年甲午十一月二十五日辰时。

文至义，字义贞，蕲春大同乡六溪冲人，生于光绪二十年甲午十月十二日巳时。

盛圆成祖支下

汪至诚真人，师字玉山，道号云阳，蕲春汪家坝盘鹤垅人，生于清光绪五年己卯九月十三日寅时，礼义为师。守真一之旨，至诚有格，神受正阳、纯阳、重阳三师心法正诀，功成皇庭大道，于民国二十八年己卯三月十一日卯时羽化。由陈士奎愿捐葬所于九潭冲阐阳宫庙后，碑立午山子兼丙壬向，其坟禁界址前七尺，后八尺，左右各五尺，捐约据载概照古例。传徒：孙理福、陈理禄、胡理寿、汪理星、张理慧、张理明、齐理静、陈理元、廖理先。皈依徒子：廖理修、孙理清、孙理贤、陈理悟、刘理通、陈理智、吴理善、余理安、孙理金、王理识。皈依坤徒：王理贞、陈理达、胡理从、孙理醒、张理和、郑理慈、孙理约。

成师门汪明玄支下
官至顺，蕲春大同乡人，生于光绪二十三年丁酉九月二十日卯时。

成师门华明智支下
王至善，蕲春黄城河人，生于光绪三十二年三月十四日子时。

成师门王明修支下
邱至莲，浠水下乡中石港人，生于光绪二十九年癸卯四月初十日辰时。

圆修师门周明法支下
胡至本，浠水人，生于民国十八年己巳十二月十五日寅时。

沈至义，浠水朱杨河人，生于民国二年癸未正月初三日亥时。

程至全，浠水朱杨河人，生于民国二十四年十一月十二日辰时。

郭至求，名盛壬，蕲春芭茅街合盘冲人，生于民国十八年己巳二月十一日巳时。

沈至忠，浠水朱杨河人，生于民国十九年庚午九月十二日戌时。

郭至宝，蕲春合盘冲郭中湾人，生于民国二十年辛未十二月二十日辰时。

陈至芬，魏家河陈宗湾人，生于民国二十一年壬申二月初三日亥时。

圆修师门瞿明先支下

瞿至斌，字祥林，浠水湖家河连三塘人，生于宣统二年庚戌十二月十三日酉时。传徒柴理法。

王至崇，浠水大林山高家冲人，生于光绪三十年甲辰十一月十二日子时，传徒彭理明。

范至会，浠水杨家山人，住金山寺，生于光绪二十九年四月二十一日亥时，传徒王理德、王理东。

龚至荣，浠水严家坳柴家冲人，生于光绪庚子年九月二十日辰时。出家纯阳阁，现住回龙寺。传徒汪理清、王理元、郭理贵、龚理善、龚理忠。

陈至利，字毓山，浠水杨家山人，住金山寺，生于民国元年六月初六日子时，住金山寺。

王至新，字寿哉，浠水月明湾人，生于光绪丙午年六月十九日午时。

王至朝，字仲祥，浠水火烧湾人，生于光绪丙午年正月二十日寅时。

王至升，字庆升，浠水记牛湾人，生于光绪庚辰年十二月十四日未时。

王至诚，字彦诚，浠水记牛湾人，生于光绪丙戌年七月二十四日未时。

瞿至廷，字禹廷，浠水胡家河人，生于光绪十年二月二十四日亥时。

郭至汝，字汝斯，浠水曾家湾人，生于光绪八年十一月十五日酉时。

龚至教，字普成，浠水回龙寺人，生于光绪辛巳年十二月初十日午时。

瞿至祖，字行谷，浠水铁屋湾人，生于光绪五年三月二十九日辰时。

瞿至延，字守吉，浠水胡家河人，生于光绪二十一年七月初十日巳时。

陈至元，字晓初，浠水胡家河人，生于光绪二十六年十月二十日午时。

郭至慧，字季高，浠水金家冲人，生于光绪三十一年乙未又五月十六日戌时。

夏至全，字桂开，浠水人，生于光绪二十二年丙申八月十一日子时。

王至恒，浠水人氏，生于光绪二十一年乙未六月初七日未时。

熊至香，字桂香，浠水人氏，生于光绪二十三年丁酉八月初一日辰时。

瞿至修，字细香，浠水陈家湾人，生于光绪十四年戊子十二月十九日午时，传徒瞿理松。

吴至善，字莲枝，浠水人，生于光绪十三年丁亥四月初十日卯时，传徒邹理兴、袁理微。

瞿至香，字秋香，浠水吴家庵人，生于光绪四年戊寅七月二十五日辰时。

陈至修，字孟清，浠水人，生于民国二十四年戊戌三月十七日辰时。

瞿至芗，字细玉，浠水窄何湾人，生于光绪十八年壬辰六月十一日巳时。

龚至香，浠水彭家冲人，生于光绪四年戊寅四月初十日戌时。

王至礼，字细梅，浠水人，生于光绪十四年戊子十月初八日酉时。

李至滔，字兰芝，浠水人，生于光绪二十三年丁酉十月初三日酉时。

徐至昆，字道昆，浠水人，生于光绪二十七年辛丑七月二十三日子时。

南至龙，浠水人，生于光绪十四年戊子正月初一日巳时。

张至猛，浠水人，生于光绪三十年甲辰正月初六日子时。

郭至凤，浠水瞿家湾人，生于光绪十八年壬辰五月初八日亥时。

王至一，字凤英，浠水马家河人，生于宣统二年庚戌十月初九日卯时。

郭至贞，字秋贞，浠水洪家湾人，生于光绪二十二年丙申七月十八日未时。

郭至明，字金莲，浠水人，生于光绪六年庚辰三月十五日亥时。

瞿至岩，字道岩，浠水彭家冲人，生于光绪二十五年己亥九月初三日亥时。

瞿至长，字道长，浠水彭家家①冲人，生于光绪二十八年壬寅十二月十六日亥时。

柴至德，浠水仙姑庙王家湾人，生于光绪二十八年壬寅十月初七日辰时。

瞿至文，浠水胡家河人，生于民国五年丙辰五月十六日辰时。

陈至禄，字桂香，浠水仲林湾人，生于光绪二十四年戊申十二月初二日子时，住纯阳阁。

---

① "家"字疑衍。

范至一，□人，生于□□年□月□日□时。

乐至信，浠水湖荷乡人，生于光绪二十五年五月初七日子时。

陈至雯，浠水学院坳人，生于民国壬戌年正月二十四日亥时。

圆修师门瞿明俊支下

周至延，字才伯，浠水三家店竹铺湾人，生于光绪二十一年乙未八月二十三日亥时。

郭至刚，字凤美，浠水胡家河人，明俊之坤徒，生于光绪二十五年己亥十二月二十九日巳时，传徒周理清、周理静。

陈至寿，字秋娥，浠水三家店竹铺湾人，生于光绪二十一年乙未七月十七日戌时。

詹至道，字先开，浠水胡家河游家觜人，生于光绪十八年壬辰七月初二日酉时。

瞿至启，字蓉花，浠水胡家河人，生于光绪二十三年五月初八日子时。

瞿至福，字细英，浠水胡家河人，生于光绪二十五年十月初六日巳时。

张至缘，字芝州，浠水胡家河人，生于光绪十八年壬辰六月初六日未时，传坤徒江理仁。

圆修师门柯明阳支下

刘至中，英山县三吴乡大竺保西冲中社人，生于宣统三年辛亥十一月十三日申时，在云丹观。

刘至明，英山县三吴乡西冲中社人，生于民国丁巳年九月十八日亥时。

袁至光，英山县三吴乡西冲中社人，生于民国乙卯年二月二十二日申时。

胡至开，英山县三吴乡洛浦保攀家冲社人，生于民国癸丑年正月初七日未时。

孙至莲，英山县三吴乡三溪保人，明阳之坤徒，生于宣统元年己酉二月二十二日午时。

袁至贞，浠水县三吴乡浦河东保骑龙山社人，生于民国元年壬子八月二十八日亥时。

段至家，英山县三吴乡浦洛保人，生于民国六年丁巳八月十三日戌时。

叶至章，英山县三吴乡福兴社人，生于光绪二十一年乙未七月十三日午时。

胡至修，英山县吴乡崇山保白沙浦社人，生于光绪十七年辛卯三月初三日午时。

王至云，英山县三吴乡一家畈人，生于光绪十九年癸未九月十九日寅时。

段至一，英山三吴乡上马石人，生于光绪十七年癸未六月初五日寅时。

段至超，英山县三吴乡官地冲人，生于光绪十九年癸未十二月初五日巳时。

圆修师门程明金支下

王至德，英山三吴乡人，生于民国十九年庚午五月二十六日辰时，在崇泗岩礼师。

圆修师门向明心支下

万至完，浠水南门河人，生于宣统三年二月初一日辰时。

陈至力，名扬顺，黄冈圌担洲人，生于民国十四年乙丑十月十二日亥时。

孙至真，黄冈黄土岗人，生于□□年□月□日□时。

圆修师门戴明喜支下

李至德，下方家铺人，生于光绪三十年八月初九日辰时。

圆德师门周明馨支下

熊至久，浠水大马桥熊家湾人，生于光绪十二年丙戌十二月初四日辰时。

圆心师门程明①祥支下

顾至诚，浠水百丈冲顾家湾人，生于民国五年丙辰十二月十六日子时。

圆心师门方明修支下

柴至一，蕲春柴家山人，生于光绪二十九年癸卯五月初八日午时。

田至元，蕲春田禄湾人，于卒未详，葬陈家庵右埂上，辰山戌向。

程至普，蕲春孙家冲人，生卒待考，葬在俗山。

圆心师门余明星支下

王至登，字守登，蕲春白水畈人，生于民国十二年癸亥七月初六日申时，庚辰年在永兴寺礼星为师。

詹至力，字先长，蕲春柴家冲人，生于民国二十七年戊寅八月初八日子时，甲申年皈依星师。

圆心师门田明俊支下

田至拔，蕲春田六湾人，生于民国二十四年乙亥十一月二十日辰时，殇②。

圆心师门王明瑞支下

王至明，蕲春塘抵坳土库楼人，生于光绪三十四年戊申六月十二日辰时。

圆贞坤师门王明性支下

陈至霜，浠水鸡鸣河人，生于光绪二十六年庚子七月十七日申时。

汪至慧，蕲春汪瓢铺人，生于民国九年庚申七月二十七日未时。

---

① "明"，原文作"清"，兹据上下文改。
② "殇"字后面无文字，此处照录。

汪至仁，蕲春汪瓢铺人，生于光绪□□年□月□日□时。

段至文，英山三吴乡安仁里刘家冲社人，生于民国七年戊午十一月十三日卯时，卒于民国二十一年壬申九月初七日子时。

汪至节，原名次玉，一名至定，蕲春六溪冲人，生于民国十一年壬戌八月二十日卯时，故安徽高中生蕲春田公孝之妻也，归田氏，四月公孝卒，以节自矢口不茹荤，皈依王明性门下。

圆贞师门胡明玉宅下

周至和，浠水下巴河人，生于民国十三年甲子六月二十三日巳时。

殷至冰，蕲春殷家湾人，生于宣统元年己酉正月十三日巳时。

宋至定，蕲春田六湾人，生于光绪十九年癸巳十月十一日辰时，皈依清虚宫。

圆贞师门王明先支下

伍至林，蕲春横路铺人，生于民国六年丁巳十一月十五日子时。

圆贞师门萧明松支下

王至善，□□□□□人，生于光绪三十二年丙午三月十四日子时。

张至心，浠水黄溪冲人，生于光绪二十八年壬寅十二月二十七日亥时。

圆贞师门周明柏支下

万至静，蕲春大同乡人，生于光绪十七年辛卯十月二十一日寅时。

邱至瀛，字怀瀛，沔阳县张家沟人，生于光绪二十年甲午六月二十六日午时，传徒邱理鹤。

圆贞师门黄明菊支下

王至性，麻城县人，生于光绪二十九年癸卯二月初八日亥时。

吴至中，蕲阳坪龙凤湾人，生于民国九年庚申十二月二十八日子时。

圆贞师门郭明性支下

李至元，浠水县下巴河水人，生于民国十三年甲子十二月十八日子时。

姚至德，罗田北塘湾人，生于民国三年甲寅七月二十四日巳时。

姚至受，罗田北塘湾人，生于民国十五年丙寅七月二十二日寅时。

段至莲，英山瓦寺前人，生于光绪二十九年癸卯八月二十九日申时。①

圆贞师门支王明理支下

郑至安，英山县东河人，生于民国四年乙卯四月十二日亥时。

圆贞师门骆明静支下

张至英，蕲春张家塝人，生于光绪二十六年庚子又八月二十八日巳时，卒于民国三十二年癸未五月十四日亥时，葬田六湾祖山。

朱至光，蕲春胡家马地人，生于民国九年庚申五月十三日未时。

圆贞师门方明华支下

汪至愿，蕲春汪家瓢铺人，生于民国四年乙卯六月二十七日酉时。

陈至修，蕲春人，生于□□年□月□日□时。

圆贞师门蔡明义支下

吕至行，蕲春陈文广人，生于光绪十八年壬辰二月初二日亥时。

汪至开，蕲春六禄湾人，生于民国十六年丁卯四月十二日亥时。

操至定，大同乡下车门冲人，生于民国十五年丙寅八月二十二日申时。

圆贞师门陈明本②支下

郭至斋，浠水下乡雷坛庙下人，生于光绪二十八年九月二十八日辰时。

---

① 世系表中姚至德、姚至受、段至莲在郑明慧门下。

② "本"字原缺，兹据上下文补。

圆西师门郭明玄支下

宋至松，蕲春桐子坳古木冲人，生于光绪□□年□月□日□时。

王至柏，蕲春青石岭街后人，生于同治十一年壬申五月初四日巳时，甲申年于慈云庵礼玄为师。

圆西嗣门郭明妙支下

陈至中，蕲春魏家河人，生于光绪二十一年乙未十一月十六日亥时，卒于民国三十二年八月十八日亥时。

朱至一，蕲春青石乡蔡家冲朱八斗人，生于宣统元年己酉又二月二十日申时，住青石岭妙志庵。

尹至贞，蕲春芭茅街尹西冲人，生于光绪十二年丙戌七月二十一日，丁丑年礼师于慈云庵。

刘至尚，芭茅街合盘冲人，生于年月日时，庚辰年礼妙师于慈云庵。

郭至修，合盘冲人郭围墙湾人，生于同治四年乙丑十月初十日寅时，辛巳年正月礼妙师慈云庵，卒于民国三十年辛巳十月十四日亥时，葬慈云庵下手，辛山乙向，有碑。

圆西师门胡明志支下

蔡至善，蕲春崇居乡蔡破屋人，生于光绪二十七年辛丑正月初一日子时，丁丑年礼师于慈云庵。

郭至兰，蕲春崇居上乡芭茅街合盘冲郭中湾人，生于光绪二十六年庚子八月二十三日未时。

陈至第，蕲春魏家河人，生于光绪二十七年辛丑正月十一日子时。

张至梅，芭茅街张木林湾人，生于光绪十八年壬辰七月二十四日寅时。

范至纯，蕲春张家山黄屋湾人，生于光绪二十一年乙未正月初五日巳时。

张至秀，白水畈下张染铺人，生于光绪十五年己丑十二月初五日巳时。

尹至修，蕲春芭茅街合盘西冲人，生于光绪十一年乙酉七月二十一日寅时。

陈至兴，蕲春白水畈人，生于光绪二十三年丁酉七月十二日子时。

蔡至清，蕲春蔡家冲关仙庵人，生于光绪十年甲申四月三十日辰时。

圆贞朱师门黄明德支下

周至惠，罗田崶石乡林木河细台湾人，生于光绪三十一年吉月二十日寅时，于黄石岩大士阁礼师。

圆亨师门杨明时支下

萧至昌，英山三吴乡人，生于□□年□月□日时，礼时为师。

圆修黄师门吴明和支下

伍至诚，蕲春张家塝龙潭冲人，生于光绪二十六年庚子十二月十三日寅时，卒于民国三十二年十一月二十一日酉时。

徐至根，大同乡龙蛋冲人，生于光绪二十二年十一月二十五日寅时。

盛祖明善汪师门汪至东支下

廿二世

周理义，浠水羊角桥人，生于光绪二十九年癸卯正月初九日巳时。

明德刘师门陈至心支下

王理元，黄冈县线子亭人，生于民国八年己未八月二十日亥时，出家孔子河万松庵。

明真徐师门高至民支下

陈理寿，字石麟，浠水团陂保人，生于光绪三十四年戊申十二月二十七日巳时，住杨家庙。

吴理福，浠水高皮保人，生于民国二十八年己卯十二月二十五日卯时，于灵山观皈依至民师门。

杨理舟，北乡永乐里余家冲社人，生于民国十六年丁卯九月二十九日卯时。

徐理江，北乡徐家冲社人，生于光绪二十六年庚子八月二十二日酉时，民师之皈依坤徒。

杨理信，北乡落家畈社人，生于民国二年癸丑二月二十八日亥时。

明然王师门坤陈至贞支下

康理清，蕲春大同乡人，生于光绪二十二年丙申十月初六日亥时，于清静庵礼贞为师。

汪理静，蕲春大同乡人，生于民国三年甲寅七月十七日酉时，于清静庵礼贞为师。

明然师门朱至修支下

朱理得，蕲春车门冲人，生于□□年□月□日□时。

康理元，蕲春车门冲人，生于□□年□月□日□时。

乐理恒，蕲春车门冲人，生于□□年□月□日□时。

明根师门伍至中支下

黄理赐，蕲春芭茅街黄老虎窊人，生于民国二十三年十一月初六日巳时。

黄理庸，蕲春芭茅街黄老虎窊人，生于民国三十年十一月十六日亥时。

明静师吴至有支下

叶理鑫，蕲春大同乡魏家河叶下屋湾人，生于民国三十一年二月十八日子时。

明觉汪师门下贾至玄支下

柴理兴，蕲春田六湾人，生于民国五年丙辰六月十三日戊时。

田理正，大同乡田六湾人，生于民国十六年丁卯十月初六日亥时。

汪理衡，蕲春大同乡荷槎保人，生于民国十七年戊辰十二月初八日子时。

田理学，蕲春田六湾人，生于民国十七年戊辰十二月二十四日卯时。

田理慧，蕲春田六湾人，生于民国十七年戊辰二月初二日丑时。

田理常，蕲春田六湾人，生于民国十九年庚午二月初三日寅时。

明智陈师门夏至诚支下

陈理清，名定富，浠水庐花垱人，生于民国五年丙辰三月十九日辰时。

高理全，字月山，浠水北乡高家社人，生于民国十六年丁卯八月十五日申时。

杨理琦，字来琦，北乡歇龙山社人，生于民国六年丁巳十一月十二日辰时，均于惟善宫礼诚为师。

明智陈师门范至一支下

王理全，字志初，浠水东乡保仙姑庙下湾人，生于民国二年癸丑十二月十四日丑时。

汪理清，字海清，东乡保人，生于光绪三十四年戊申七月初四日巳时。

李理成，字正学，东乡保四字坪人，生于光绪十六年庚寅十月二十八日寅时，住柳仙庙。

瞿理宗，浠水胡家河人，至一之坤徒，生于民国五年丙辰五月十六日辰时。

柴理德，浠水柴家大湾人，生于光绪二十八年壬寅十月初七日辰时，住仙姑庙。

夏夏缘，永乐里斯场弓山社人，生于民国二十三年甲戌正月十六日亥时，在文峰阁礼师。

明智陈师门坤徒高至道支下

高理元，字淑君，浠水南乡永乐里松山保人，生于民国元年壬子七月二十八日丑时。

高理性，字若兰，南乡永乐里松山保姜家冲人，生于光绪十八年壬辰二月二十八日子时，甲申春于三元寺同礼至道为师。

明义陈师门汪至成支下

孙理福，名俊恒，字文新，号学樵，蕲春孙家冲人，生于清光绪二十五年己亥三月二十三日亥时，皈依子①孙宗顺。

陈理禄，名重金，字少云，蕲春黑沟冲人，生于光绪二十九年癸卯六月十二日未时。

胡理寿，名怀德，字集山，蕲春罗家岭人，生于光绪三十年甲辰八月二十七日子时。

汪理星，名昌贞，字诚修，蕲春盘鹤垅人，生于民国九年庚申三月初九日寅时。

张理慧，名彩兰，蕲春倒桥人，生于清光绪十四年戊子四月初八日巳时。

张理明，名泽富，蕲春倒桥人，生于清光绪十七年辛卯十二月初三日未时。

齐理静，名宗宪，字文斌，蕲春九潭冲人，生于光绪十四年戊子七月初三日子时。

陈理元，名士学，蕲春九潭冲人，生于光绪十八年壬辰十一月十三日寅时，皈依子陈宗献。

廖理先，名正枝，字树棠，蕲春九潭冲人，生于光绪十九年癸巳十一月二十二日巳时，曾监修阐阳宫。

廖理修，名金亮，蕲春九潭冲人，生于光绪二十六年庚子二月初一日未时。

孙理清，名仲庭，蕲春九潭冲人，生于光绪二十六年庚子二月二十五日巳时。

孙理贤，名秀满，字介春，蕲春九潭冲人，生于民国二年癸丑二月二

---

① "子"，底本缺，兹据前后文及文意补。

十四日卯时。

陈理悟，名重杰，字庭显，蕲春檀林河陈旺冯家垅人，生于民国元年壬子十二月十九日巳时。

刘理通，名家应，蕲春九潭冲人，生于光绪二十三年丁酉二月十二日子时。

陈理智，名重彭，蕲春黑沟冲人，生于光绪三十四年戊申八月二十八日亥时。

吴理善，名年庚，字介臣，蕲春两河口渡山人，生于光绪三十年甲辰八月二十七日子时。

余理安，名河清，字升平，蕲春九潭冲余家岭人，生于光绪二十四年戊戌五月十七日亥时。

孙理金，名金玉，蕲春大竹冲殿家山人，生于□□年□月□日□时缺，羽化于□□年□月□日□时俱缺，葬俗山。

王理识，名志隆，蕲春两河口虎豹人，生于□□年□月□日□时缺，羽化于张家牌楼瘴恶宫，□□年□月□日□时亦缺，葬俗山黑石棻围尾山脚大河边，癸山丁向。

王理贞，名鑫媄，蕲春孙家冲百老湾人，生于光绪二十五年己亥三月初七日亥时。

陈理达，名早媄，蕲春大竹冲管家冲人，生于光绪十二年丙戌十月初二日寅时。皈依汪徒宗承。

胡理从，名翠英，蕲春黑沟冲人，生于光绪三十年甲辰七月十七日巳时。

孙理醒，字莲英，蕲春九潭桥下湾人，生于光绪十九年癸巳十月二十四日辰时。

张理和，名细和，蕲春九潭冲鲺鱼觜人，生于光绪二十二年丙申七月初二日寅时。

郑理慈，字梦兰，蕲春檀林河陈旺冯家垅人，生于民国六年丁巳七月二十五日未时。

孙理约，字月娥，蕲春罗家岭人，生于光绪二十六年庚子四月十六日巳时。

明先瞿师门瞿至斌支下

柴理法，字海珊，浠水胡家河东乡保人，生于民国九年庚申十月初三日未时。

明先师门王至崇支下

彭理明，浠水彭家坳人，崇坤徒，生于光绪二十八年壬寅六月二十八日酉时。

明先瞿师门范至会支下

王理德，字洪发，浠水胡家河乡人，生于光绪二十年甲午九月二十七日辰时。

王理东，字小甫，浠水胡家河乡人，生于宣统元年己酉十二月二十七日寅时。

明先瞿师门龚至荣支下

汪理清，字世席，浠水严家坳人，生于光绪十五年己丑六月初三日亥时。传坤徒彭宗访、汪家梅。

王理元，浠水严家坳人，生于民国八年己未十一月十二日辰时。

郭理贵，浠水马家河人，生于光绪二十九年癸卯九月初九日亥时。

龚理善，字瑞祥，浠水严家坳人，生于光绪十七年辛卯正月初七日巳时。传徒彭宗仁、龚宗义。

龚理忠，字春祥，浠水严家坳人，生于光绪二十三年丁酉五月二十二日未时。传徒彭宗礼、彭宗智。

明先师门龚至教支下

瞿理青，浠水人，生于光绪庚子年又八月十四日午时。

王理忠，浠水严家坳人，生于民国甲寅年二月初十日未时。

明先师门瞿至修支下

瞿理松，字选富，胡家河破湾人，生于光绪三十年甲辰十二月二十六日卯时。

明先师门吴至善支下

邹理兴，字月涛，关口快合岭陈垅觜湾人，生于民国六年丁巳七月二十九日亥时。

袁理微，字秀蓉，小灵山何中湾人，生于民国四年乙卯八月初二日巳时。

明先师门郭至刚支下

周理梅，字岭梅，大嶙山马家湾人，生于民国八年己未十月十四日酉时。

周理静，字燕梅，三家店张家国湾人，生于民国十一年壬戌八月十四日未时。

瞿师张至缘支下

江理仁，字秀英，浠水胡家河乡人，生于光绪二十六年庚子十月十四日巳时。

明柏周师门邱至瀛支下

邱理鹤，沔阳张家沟人，生于民国八年十一月初一日丑时。

胡理元，□□□人，生于民国辛酉年十一月二十八日寅时。

龚至荣师门汪理清支下

廿三世

至诚汪师门理福支下

孙宗顺，字菊嫒，蕲春孙家冲人，生于宣统三年辛亥九月初六日卯时。

至诚汪师门理元支下

陈宗献，字重仙，号攀桂，蕲春九潭冲鳜鱼檗人，生于民国八年己未七月二十二日申时。

至诚汪师门理达支下

汪宗承，名芳金，蕲春大竹冲人，生于光绪三十四年戊申三月十六日申时。

至荣龚师门汪理清支下

彭宗访，浠水严家坳人，生于民国十三年七月初十日未时。

汪宗梅，浠水严家坳人，生于光绪十八年壬辰又六月二十八日辰时。

至荣龙师门龚理善支下

彭宗仁，字国忠，浠水严家坳人，生于光绪二十四年戊戌九月十一日卯时。

龚宗义，字彩贵，浠水严家坳人，生于宣统三年辛亥七月十一日巳时。

龚至檗门龚理忠支下

彭宗礼，字寿田，浠水严家坳人，生于民国七年戊午六月初五日亥时。

彭宗智，字银书，严家坳人，生于民国十二年癸未正月十七日亥时。

图书在版编目（CIP）数据

龙门正宗四修同真教谱／王明然督修；汪桂平，李
贵海点校．--北京：社会科学文献出版社，2024.12.
ISBN 978-7-5228-3891-5

Ⅰ．B956.3

中国国家版本馆 CIP 数据核字第 20248US075 号

龙门正宗四修同真教谱

督　　修／民国·王明然
点　　校／汪桂平　李贵海

出 版 人／冀祥德
组稿编辑／袁清湘
责任编辑／杨　雪
责任印制／王京美

出　　版／社会科学文献出版社·人文分社（010）59367215
　　　　　　地址：北京市北三环中路甲 29 号院华龙大厦　邮编：100029
　　　　　　网址：www.ssap.com.cn
发　　行／社会科学文献出版社（010）59367028
印　　装／三河市东方印刷有限公司

规　　格／开本：787mm×1092mm　1/16
　　　　　　印张：16　字数：253 千字
版　　次／2024 年 12 月第 1 版　2024 年 12 月第 1 次印刷
书　　号／ISBN 978-7-5228-3891-5
定　　价／89.00 元

读者服务电话：4008918866